ARENA BIBLIOTHEK DES WISSENS

AKTUELL

Für Dagmar

Peter W. Schroeder arbeitet seit 30 Jahren als White-House-Korrespondent für eine Gruppe deutscher und österreichischer Tageszeitungen in Washington. Er ist Verfasser von Biographien von Holocaust-Überlebenden sowie von Sachbüchern über Menschenrechtsfragen, NS-Geschichte und europäisch-amerikanische Beziehungen, die bei Verlagen in Europa und den USA erschienen. Zusammen mit seiner ebenfalls als Journalistin und Autorin tätigen Ehefrau ist er Gründungsstifter des deutsch-amerikanischen „Holocaust-Memorial-Museums der Kinder" in Tennessee. Das Ehepaar hat zwei Kinder und vier Enkelkinder und lebt in Washington/USA und in Victoria/Kanada.

Klaus Puth, geboren 1952 in Frankfurt am Main, arbeitete nach seinem Studium an der Hochschule für Gestaltung in Offenbach zunächst in einem Verlag für Grußkarten. Seit 1989 ist er freiberuflich als Illustrator für verschiedene Verlage tätig und hat mehrere Preise erhalten.
www.klausputh.de

Peter W. Schroeder

USA
Die unvollendete Geschichte einer Supermacht

Arena

Inhalt

Vorwort

Wie vermutlich kein zweites Land der Erde haben die Vereinigten Staaten von Amerika die Weltpolitik und das Leben der Weltbevölkerung in den letzten rund 100 Jahren beeinflusst und auch verändert. Die Ursachen und der Umfang der „amerikanischen" Einflüsse sollen in diesem Buch beschrieben werden.

Es ist die Beschreibung eines Landes, dessen Geschichte nicht erst „mit der Entdeckung durch Kolumbus" begonnen hat und eines Landes mit vielen widersprüchlichen Gesichtern. Für viele Menschen waren und sind die USA ein Land der letzten Hoffnung, das Land der unbegrenzten Möglichkeiten. Ein Land der selbstlosen Hilfsbereitschaft und auch der rücksichtslosen Unterdrückungen. Ein Land, das Menschen anzieht und sie abstößt. Ein faszinierendes Land, das viele Menschen in nahezu aller Welt wünschen lässt, zumindest ein bisschen so sein zu können wie die Amerikaner.

Als Terroristen am 11. September 2001 ihre mörderischen Anschläge in den Vereinigten Staaten verübten, schrieb die französische Zeitung „Le Monde" am nächsten Tag „Nous sommes tous Américains" (Wir sind alle Amerikaner). Für die globale Betroffenheit und Solidarisierung gab und gibt es Gründe. Einer davon ist, dass „Amerika" ein Stück von uns allen ist. Aus aller Herren (und Frauen) Länder sind massenhaft Einwanderer in die „Neue Welt" gezogen und sie haben „unser" Traumland aufgebaut. Das hat, vielleicht mit Ewigkeitswert, emotionale Bindungen geschaffen.

Dieses Buch versucht eine Beschreibung der gegenwärtigen amerikanischen Wirklichkeit, die sich aus einer mehr als 10.000 Jahre langen Geschichte entwickelt hat. Das Buch liefert nur einen Überblick, der Leser anregen soll, sich selbst etwas näher mit Gegenwart, Vergangenheit und der möglichen Zukunft eines großen Landes zu beschäftigen. Denn in Sachen „USA" gibt es noch vieles zu entdecken. Beispielsweise, dass das Leben der Indianer doch etwas anders war als in den Büchern von Karl May beschrieben.

Als Autor habe ich aufgeschrieben, was mir wichtig erschien, und es ist zwangsläufig eine subjektive Auswahl. Das Buch beschreibt die Geschichte der Vereinigten Staaten auch nicht immer chronologisch. Denn viele geschichtliche Ereignisse und ihre Folgen tauchen in verschiedenen Abschnitten der Geschichte dieses Landes auf. Für den schnellen Überblick ist im

Anschluss an den Buchtext eine Zeittafel mit wichtigen Ereignissen angehängt.

Dieses Buch über die Geschichte der Vereinigten Staaten kann natürlich nur der Versuch einer Zwischenbilanz sein. Denn die Geschichte der Vereinigten Staaten ist noch lange nicht zu Ende. Mit dem Amtsantritt des ersten schwarzen US-Präsidenten Anfang des Jahres 2009 hat ein neues Kapitel begonnen. Diesen Präsidenten begleiten die Hoffnungen nicht nur vieler Amerikaner. – Wenige Monate nach seinem Amtsantritt wurde Präsident Barack Obama mit dem Friedensnobelpreis ausgezeichnet. Die Jahre seiner Regentschaft werden zeigen, ob er die in ihn gesetzten Hoffnungen erfüllen kann.

Seit 30 Jahren lebe ich mitten unter den Amerikanern und berichte für eine Gruppe deutscher und österreichischer Zeitungen aus Amerika. Als Korrespondent im Weißen Haus will ich meinen Lesern auch im eigenen Interesse mitteilen, was in der amerikanischen Machtzentrale und im großen und weiten Land zwischen Atlantik und Pazifik passiert. Denn Entwicklungen und Entscheidungen in den Vereinigten Staaten haben fast immer auch große Auswirkungen auf das Land meiner Herkunft, in dem ein Teil meiner Familie wohnt.
Immer wieder bin ich den Präsidenten Jimmy Carter, Ronald Reagan, Herbert Walker (H. W.) Bush, Bill Clinton und George W. Bush (dem Sohn von H. W. Bush) begegnet. Und jetzt beobachte und beschreibe ich die Politik von Barack Hussein Obama, dem Präsidenten mit einer anderen Hautfarbe als alle

anderen US-Präsidenten vor ihm. Über die Präsidentenkinder Malia und Sasha, die mich einmal umgerannt haben, schreibe ich aber praktisch nichts. Denn ob sie in der Schule mal eine schlechte Note für irgendetwas bekommen haben, geht Fremde nichts an, oder?

Meine eigene Familie ist sprachlich, geografisch und national kunterbunt. Meine Frau und ich sind in Deutschland geboren und unsere beiden Kinder ebenfalls. Nach dem Studium und ersten Berufsjahren sind wir berufsbedingt in die weite Welt gezogen. Erst für sieben Jahre um die Ecke, in die belgische Hauptstadt Brüssel. Danach wurde vor drei Jahrzehnten Nordamerika unsere Zweitheimat. Bei Familientreffen wird auf Englisch, Deutsch, Niederländisch und Französisch durcheinandergebrabbelt.

Bildlich gesprochen stehe ich mit einem Bein in der deutschen und europäischen Wirklichkeit und mit dem anderen Bein in der amerikanischen. Das Buch habe ich deshalb mit den Erfahrungen eines Autors geschrieben, der auf zwei Kontinenten zu Hause ist. Dabei habe ich auch viel über unsere gemeinsame Zukunft gelernt. Und für meine Kinder, meine Enkelkinder, deren Kinder und alle Kinder wünsche ich mir, dass wir tolerant und friedlich miteinander umgehen. Und dass wir uns bemühen, aus den Fehlern der Geschichte der Welt und der Geschichte der Nationen zu lernen.

Peter W. Schroeder

Das ganz große Amerika

Im folgenden Buchtext ist viel von „Amerika" und den „Amerikanern" die Rede. Doch dazu eine Warnung: In vielen Fällen sind die beiden Bezeichnungen nicht korrekt.

Bei „Amerika" denken die allermeisten Menschen natürlich an ein Land mit der offiziellen Bezeichnung „United States of America", also die „Vereinigten Staaten von Amerika". Und die in den „USA" lebenden Menschen nennen sich selbst „Americans", also „Amerikaner".

Was ein typischer Fall von wirklich irreführender Hochstapelei ist, von der im Buch noch ein paarmal die Rede sein wird.

Tatsächlich ist „Amerika", wie auf jeder Weltkarte klar zu erkennen, ein sogenannter Doppelkontinent, der fast vom Nordpol bis fast zum Südpol reicht und der weit mehr als ein Dutzend selbstständiger Staaten beherbergt.

Da gibt es Nordamerika, Mittelamerika und Südamerika und alles zusammen ist „Amerika". Vor den amerikanischen Küsten im Osten liegen etliche Inseln, die teilweise selbstständige Staaten oder Kolonien sind, also weitgehend von europäischen Hauptstädten aus regiert werden.

In Nordamerika haben sich drei große Staaten etabliert: Kanada, die USA und Mexiko. Die Bewohner der USA hören es nicht gern, aber es ist nun einmal so: Die Vereinigten Staaten sind zwar flächenmäßig ziemlich groß, aber im Vergleich zu „Rest-Amerika" ziemlich mickrig. Allein schon das nördlich von den

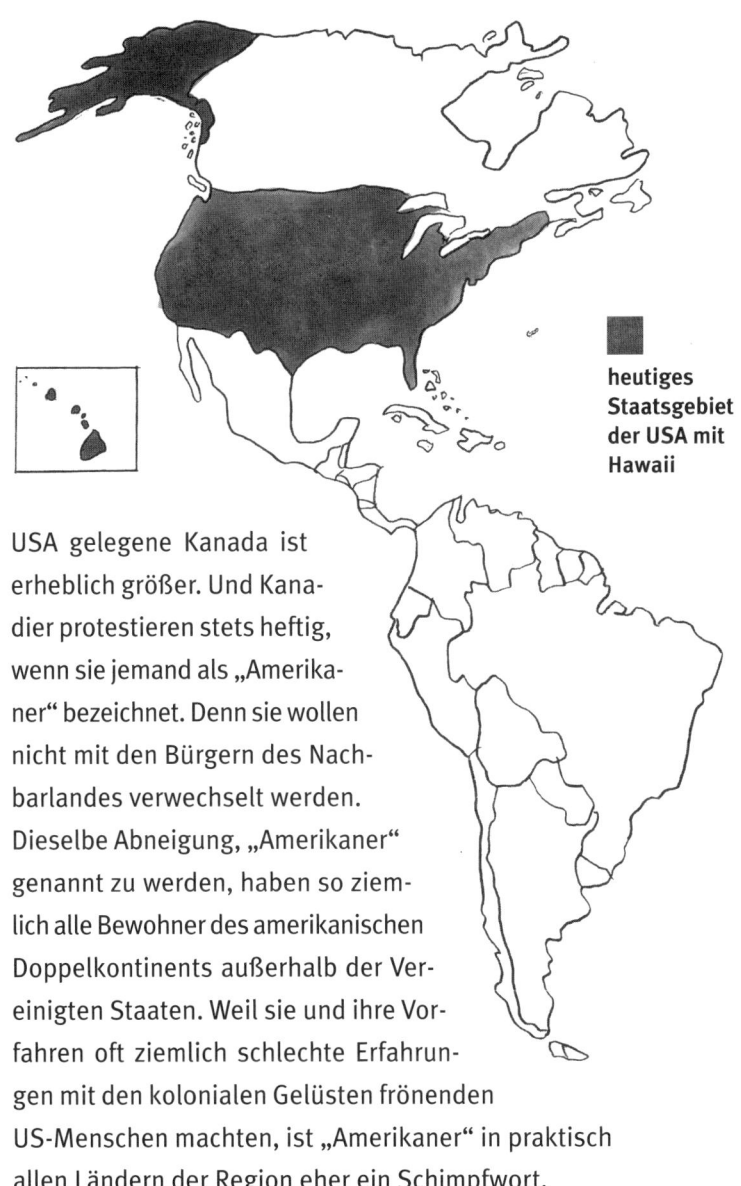

heutiges
Staatsgebiet
der USA mit
Hawaii

USA gelegene Kanada ist
erheblich größer. Und Kanadier protestieren stets heftig,
wenn sie jemand als „Amerikaner" bezeichnet. Denn sie wollen
nicht mit den Bürgern des Nach-
barlandes verwechselt werden.
Dieselbe Abneigung, „Amerikaner"
genannt zu werden, haben so ziemlich alle Bewohner des amerikanischen
Doppelkontinents außerhalb der Vereinigten Staaten. Weil sie und ihre Vorfahren oft ziemlich schlechte Erfahrungen mit den kolonialen Gelüsten frönenden
US-Menschen machten, ist „Amerikaner" in praktisch
allen Ländern der Region eher ein Schimpfwort.

Das alles ist also „Amerika", ein mehr als ein Viertel der Landmasse der Erde umfassender Doppelkontinent. Auf ihm ist fast eine Milliarde Menschen zu Hause. Mehr als 300 Millionen davon sind Bürger der „Vereinigten Staaten von Amerika". Gemeinhin werden sie „Amerikaner" genannt. „USAler" wäre zutreffender. Aber aus Gründen der Vereinfachung nennen wir sie im Buch ab sofort nur noch „die Amerikaner".

Der Vollständigkeit halber sollen deshalb an dieser Stelle alle Staaten genannt werden, die alle zusammen „Amerika" ausmachen.

Antigua und Barbuda, Argentinien, Bahamas, Barbados, Belize, Bolivien, Brasilien, Chile, Costa Rica, Dominikanische Republik, Ecuador, El Salvador, Grenada, Guatemala, Guyana, Haiti, Honduras, Jamaika, Kanada, Kolumbien, Kuba, Mexiko, Nicaragua, Panama, Paraguay, Peru, Saint Kitts and Nevis, Saint Lucia, Saint Vincent and the Grenadines, Suriname, Trinidad and Tobago, Uruguay und die Vereinigten Staaten von Amerika (USA).

Das war's? Nein, noch nicht ganz. Die Regierungen von Frankreich, Großbritannien, der Niederlande und der USA haben sich im Laufe der Geschichte etliche vor den amerikanischen Festlandküsten gelegene Landflecken angeeignet und diese Ländchen bis auf den heutigen Tag nicht in die vollständige Unabhängigkeit entlassen.

Vom „Mutterland" in Frankreich abhängig sind:
French Guiana, Guadeloupe, Saint Barthelemy, Saint
Martin sowie Saint Pierre and Miquelon

Weitgehend unabhängig von Großbritannien sind:
Anguilla, die British Virgin Islands, Cayman Islands, Falk-
land Islands, Montserrat, South Georgia und die South
Sandwich Islands sowie Turks und Caicos

Die niederländische Regierung bestimmt mit auf:
St. Maarten, Aruba und den Niederländischen Antillen.
Und von Washington abhängig sind Puerto Rico und die
U.S. Virgin Islands.

Und dann sind ungefähr 1.000 Kilometer vor der Ostküste der
Vereinigten Staaten 365 zum Teil nur handtuchgroße Inseln
mitten im Atlantik zu besichtigen. Das sind die Bermudas, auf
denen rund 60.000 Menschen wohnen. Die Experten streiten
sich, ob man die Inseln, eine britische Kronkolonie mit innerer
Selbstverwaltung, nun zu Amerika zählen darf oder nicht. Aber
weil die immerhin 4.000 Kilometer vom amerikanischen Festland entfernt, mitten im Pazifik liegenden Hawaii-Inseln „amerikanisch" und auch offiziell Teil der Vereinigten Staaten von
Amerika sind, rechnen wir die Bermudas ganz einfach mit.

Amerika wird entdeckt

Aber jetzt geht's los mit den Vereinigten Staaten von Amerika, was ja auch wieder irreführend ist. Denn „vereinigt" sind ja nicht die Staaten des Doppelkontinents Amerika, sondern nur die 50 Bundesstaaten des USA-Gebildes.

Einer dieser Staaten, das ehemalige Königreich Hawaii, liegt dabei gar nicht in USA-Nähe, sondern ziemlich weit weg: mitten im Pazifik und näher an der japanischen Hauptstadt Tokio als an der Bundeshauptstadt Washington.

Am 4. August 1961 wurde in der hawaiianischen Hauptstadt Honolulu ein Mann geboren, von dem im Buch noch öfter die Rede sein wird. Er heißt Barack Hussein Obama. Als Kind wurde er „Barry" genannt. Im Alter von 47 Jahren wurde er zum 44. Präsidenten der Vereinigten Staaten von Amerika und damit wohl der mächtigste Mann der Welt.

Aber bevor wir den kleinen und sehr neugierigen Barry die Vereinigten Staaten entdecken lassen, beschäftigen wir uns ganz fix mit der Frühgeschichte des amerikanischen Doppelkontinents.

Denn davon erfuhren Barry und alle anderen Schüler in den Vereinigten Staaten so gut wie nichts. In den meisten amerikanischen Schulbüchern beginnt die amerika-

nische Geschichte nämlich erst mit dem Jahr 1492, in dem europäische „Entdecker" angeblich zum ersten Mal ihre Füße auf amerikanischen Boden setzten. Das ist schon wieder ein Irrtum, doch davon später.

Inzwischen weiß Präsident Barack Obama natürlich, dass die Geschichte Amerikas nicht erst 1492, sondern viel früher begonnen hat. Nämlich mit der Geschichte eines langen Marsches. Und diese Geschichte geht so:

Aus Asien zu Fuß nach Amerika

Vor mehreren Zehntausend Jahren begann es auf der Erde, sehr kalt zu werden. Verdunstetes Meerwasser lagerte sich in Form von Schnee und Eis massenhaft am Nord- und am Südpol ab. Der Wasserspiegel der Meere sank in der Zeit zwischen 23.000 und 8.000 vor Christus um schätzungsweise 100 Meter ab. Dadurch konnten Menschen mit Entdeckerdrang trockenen Fußes von Asien in ein Land laufen, das später „Amerika" genannt werden sollte.

Also machten sich größere Menschenmassen aus Asien auf den Weg. Sie liefen einigermaßen nordwärts in Richtung des heutigen Sibirien und von dort über den Boden der heutigen Beringsee ins spätere Alaska. Beim Erreichen der Pazifikküste schlugen sie eine südliche Richtung ein. Und sie liefen und liefen, bis es schließlich in Feuerland an der Südspitze des heutigen Südamerika nicht mehr weiterging.

Auf dem langen Marsch hatten zwischendurch ein paar der aus Asien stammenden Menschen keine Kraft oder keine Lust mehr. Sie wollten nicht mehr weiter und ließen sich buchstäblich nieder. All diese Bewohner lebten mehr oder weniger friedlich vor sich hin. Nach einigen Tausend Jahren war aus der Marschtruppe bis zum 15. Jahrhundert ein kopfstarkes Volk geworden. Expertenschätzungen zufolge lebten auf dem amerikanischen Doppelkontinent schließlich zwischen 50 und 75 Millionen sogenannte Ureinwohner.

Wann nun genau die allererste Besiedlung des amerikanischen Doppelkontinents erfolgte, ist unter Experten umstritten. Einig sind sie sich nur, dass die „Erstentdeckung" des heutigen Amerika vor 10.000 oder auch mehr Jahren erfolgte.

Die Marschierer und ihre Nachfahren wurden ab dem 15. Jahrhundert nach christlicher Zeitrechnung „Indianer" genannt. Und das ist eine lange Geschichte mit einem kapitalen Irrtum.

Herr Kolumbus verfährt sich

1492 machte sich der Genueser Kapitän Christoph Kolumbus mit drei Schiffen, der Niña, der Pinta und der Santa Maria auf den Weg, um einen neuen Seeweg nach Indien zu finden. Zum Abholen von Gewürzen, Seiden und Opium aus dem „Orient" wollte er aber nicht wie die „Indienfahrer" vor ihm von Europa aus Richtung Osten segeln. Denn vor den afrikanischen Küsten lungerten viele Selbstbedienung betreibende Seeräuber herum, die Schiffe kaperten, Ladungen raubten und Schiffsbesatzungen massakrierten. Und der Landweg nach Indien über die Länder Arabiens war erstens beschwerlich und wegen dortiger Räuberbanden womöglich noch verlustreicher.

Kolumbus sagte jedem, der es hören wollte: „Ich hab eine viel bessere Idee. Ich weiß ja, dass die Erde eine Kugel ist. Deshalb fahre ich jetzt einfach andersherum. Immer Richtung Westen komme ich auch nach Indien." Das hätte auch geklappt, wenn da auf dem Seeweg nicht eine größere Landmasse gelegen hätte, deren Existenz sich in Europa noch nicht herumgesprochen hatte: Die von ihm später sogenannte „Neue Welt". Deshalb gilt Kolumbus als der „Entdecker Amerikas".

Letzteres ist, wie gesagt, ein Irrtum, denn wenn schon entdeckt, dann gebührt die Ehre den Marschierern aus Asien. Und ein paar Hundert Jahre vor Kolumbus waren auch schon andere Seefahrer in der „Neuen Welt" vorbeigekommen. Wie beispielsweise schon rund 500 Jahre zuvor Seefahrer aus dem heutigen Norwegen. Die Ankunft von Bjårni Herjolfsson und danach Leif Erikson im späteren Nordamerika Ende des 10. Jahrhunderts gilt unter Historikern als gesichert.

Kapitän Kolumbus war im Jahr 1492 also nicht wie gewünscht in Indien und auch nicht irgendwo im Gebiet der späteren Vereinigten Staaten von Amerika angekommen, sondern auf einer der heutigen Bahamas-Inseln.

Damit sind die Entdecker-Irrungen auch noch nicht zu Ende. Denn Kolumbus war felsenfest davon überzeugt, tatsächlich irgendwo in der Nähe von Indien gelandet zu sein. Die am Ufer winkenden Menschen nannte er deshalb einfach „Indianer". Kolumbus starb im Jahre 1506 in Spanien, bevor ihn jemand über seinen Irrtum und das tatsächlich erreichte Ziel seiner Indienfahrt aufklären konnte. Die Bewohner Indiens müssen deshalb „Inder" und „Inderinnen" und nicht „Indianer" und „Indianerinnen" genannt werden.

Das amerikanische Festland, aber immer noch nicht das Gebiet der späteren Vereinigten Staaten, betrat fünf Jahre nach der schiefgelaufenen „Indien-Fahrt" von Kolumbus der aus Florenz stammende Kapitän Amerigo Vespucci an der Küste des heutigen Nicaragua.

Vespucci segelte anschließend weiter nach Norden und kam schließlich im heutigen Florida an. Damals gab es da natürlich noch kein „Disneyworld". Auch die vermuteten sagenhaften

Goldschätze der „Neuen Welt" waren nicht aufzutreiben. Vespucci machte sich reichlich enttäuscht wieder auf den Heimweg.

Ein deutscher Mönch tauft Amerika

Und wie ist Amerika zu seinem Namen gekommen? Das verdanken die „Amerikaner" dem deutschen Mönch und Kartografen Martin Waldseemüller. Der zeichnete 1507 anhand von Vespuccis Tagebüchern eine Weltkarte, in der er die „Neue Welt" zu Ehren seines Informanten Amerigo Vespucci „America" nannte. Trotz alledem wird Christoph Kolumbus im heutigen Nordamerika als „Amerika-Entdecker" gefeiert und in den USA jedes Jahr mit Paraden und einem Feiertag geehrt. Viel Ehre für einen Entdecker, der nichts entdeckte, was nicht vorher schon von anderen Leuten entdeckt worden war.

Den „Indianern", also den Nachfahren der Marschierer aus Asien, ist dabei überhaupt nicht zum Feiern zumute. Denn für

Martin Waldseemüllers Karte von 1507

sie bedeutete der Zuzug der europäischen Einwanderer millio-
nenfachen Tod, mörderische Ausrottung und der Beginn eines
bis zum heutigen Tag nicht völlig beendeten Leidensweges.
In den ersten hundert Jahren seit der ersten Begegnung mit
den „Indienfahrern" kamen nach Expertenschätzungen rund
80 Prozent der in Nord- und Südamerika lebenden Indianer ums
Leben. Die aus Europa kommenden frühen Siedler zerstörten
vielfach die Lebensgrundlage der „Ureinwohner". Sie vertrieben, verfolgten und ermordeten die ihnen im Weg stehenden
Indianer, die von den Siedlern häufig als „Wilde" bezeichnet
wurden. Millionen starben an eingeschleppten Krankheiten,
gegen die sie keine Abwehrkräfte besaßen.
Von den Bewohnern der heutigen Vereinigten Staaten von Amerika (die Indianer natürlich ausgenommen) wird die barbarische
Frühgeschichte ihrer Nation weitgehend ignoriert. Aber da ist
aus dieser Zeit ja auch einiges, auf das die später Angekom-
menen nicht uneingeschränkt stolz sein könnten.

Die Anziehungskraft der USA

„Ich bin als Kind eines Schwarzen und einer Weißen im rassischen Schmelztiegel Hawaii geboren, habe eine Schwester, die Halbindonesierin ist, aber in der Regel für eine Mexikanerin oder Puertoricanerin gehalten wird, einen Schwager und eine Nichte chinesischer Abstammung, ein paar Blutsverwandte, die Margaret Thatcher ähnlich sehen, und andere, die als der schwarze Hollywood-Schauspieler Bernie Mac durchgehen könnten, weshalb unsere Familientreffen wie die UNO-Generalversammlung wirken. Meine Identität mag mit meiner Hautfarbe beginnen, aber sie hört nicht dort auf, kann dort nicht aufhören."

Barack Obama in „Dreams from my Father"

Bei seinem Amtsantritt am 20. Januar 2009 war sich Barack Obama, dessen politische Pläne Hoffnungen in nahezu aller Welt ausgelöst hatten, ganz sicher: „Die Welt liebt die Vereinigten Staaten von Amerika."

Das war wohl etwas übertrieben. Aber vielleicht hatte der Präsident auch nur das Wort „wieder" verschluckt. Denn ein paar Regierungen dieser Welt hatten im Laufe der Geschichte, und auch der jüngsten Gegenwart, an der Politik der Regierung in Washington etliches auszusetzen. Und deshalb waren auch nicht restlos alle Amerikaner immer und überall beliebt.

Was in dem einen oder anderen Fall wohl auch sehr berechtigt war. Wenn beispielsweise US-Soldaten in fremden Ländern einmarschierten, wurden sie nicht immer freudig mit Blumen begrüßt. Und die oft lautstark mit karierten Hosen, schreiend bunten Hawaii-Hemden, Cowboy-Stiefeln und gigantischen Texas-Hüten auftretenden US-Touristen verbreiteten ein ziemlich einseitiges Bild von „den Amerikanern". „Die Amerikaner" gibt es natürlich genauso wenig wie „die Deutschen" oder „die Österreicher". Denn genauso wie „die Afrikaner" oder „die Asiaten" kommen auch „die Amerikaner" in allen Größen, Charaktereigenschaften und Pigmentausgaben vor. Schließlich sind die Vereinigten Staaten ein Einwanderungsland, in dem rund 98 Prozent aller derzeitigen Bewohner von Einwanderern und Eingeschleppten abstammen, die in den letzten 400 Jahren ins Land gekommen sind. Die übrigen etwa zwei Prozent sind Nachfahren der indianischen Ureinwohner.

Bei der im Jahr 2007 durchgeführten Volkszählung wurden die Bürger der Vereinigten Staaten auch nach ihrer ethnischen Zugehörigkeit befragt. Dabei wurden folgende Angaben gemacht: Weiße 80,0 %, „Hispanics" (Angehörige der lateinamerikanisch-spanischsprachigen Volksgruppe) 15,1 %, Afroamerikaner 12,8 %, Asiaten 4,4 %, „multirassisch" 1,6 %, Ureinwohner 1,0 %, hawaiianisch 0,2 % – etliche der Befragten verweigerten die Angabe und die Addition ergibt dennoch mehr als 100 Prozent. Hauptgrund sind Mehrfachnennungen. Beispielsweise bezeichneten sich Hispanics und Asiaten vielfach gleichzeitig als „weiß". Als Hauptsprache wurde zu 81 Prozent Englisch und zu 12 Prozent Spanisch genannt. Die übrigen 7 Prozent entfielen unter anderem auf diverse Sprachen der Ureinwohner, auf Chinesisch, Vietnamesisch, Französisch und das philippinische Tagalog.

Aus vielen Gründen strebten und streben immer noch Menschen aus allen Teilen der Welt nach „Amerika": Um politischer oder religiöser Verfolgung in ihrer Heimat zu entgehen, aus Abenteuerlust oder aus Flucht vor wirtschaftlichen Bedrängnissen. Im Laufe der vergangenen 400 Jahre gab es mehrere große Einwanderungswellen: Aus dem britischen Königreich und den deutschsprachigen Ländern kamen zuerst Menschen auf der Suche nach einem „besseren und freieren" Leben. Nach Missernten in Irland, die eine große Hungersnot auslösten, strömten zwischen 1845 und 1852 massenhaft Iren ins „gelobte Land" jenseits des großen Wassers. In ihren europäischen Herkunftsländern an der Glaubensausübung gehinderte und oft mit dem Tod bedrohte Mennoniten, Hutterer und Amish fanden in Nordamerika eine tolerantere neue Heimat. Bewohner Afrikas kamen bereits ab 1619 nicht freiwillig, sondern als Sklaven. Viele der nach dem Zweiten Weltkrieg überall in Europa entwurzelten oder vertriebenen Menschen fanden in den USA eine neue Heimat. Unter ihnen viele Juden und befreite Überlebende nationalsozialistischer Konzentrationslager. In den USA leben derzeit mehr Menschen jüdischen Glaubens als in Israel. Nach amerikanischen Militäroperationen in Europa, in Mittel- und Südamerika, im Nahen Osten und in Asien flohen Menschen auch aus diesen Gegenden in die Vereinigten Staaten. In ein Land, das Einwanderer meist mit offenen Armen aufnahm. Aus Afrika kommen jetzt Menschen, die sich vor brutalen Gewaltherrschern in Sicherheit bringen wollten.

Derzeit leben zudem schätzungsweise zwölf bis 15 Millionen Menschen in den Vereinigten Staaten, ohne rechtlich gesehen „Einwanderer" zu sein: Es sind sehr oft Hoffnungslose aus Ländern in Mittel- und Südamerika, die sich aus blanker Not auf einen oft lebensgefährlichen Weg ins „Land der unbegrenzten Möglichkeiten" machten. Weitgehend rechtlos leben und arbeiten sie als „Illegale" im Land. Ständig müssen sie damit rechnen, entdeckt und dann in ihre Heimat abgeschoben zu werden.

Jahr für Jahr kommen zudem mehrere Millionen Touristen, die nach einem Traumurlaub auch wieder abreisen. Städte wie New

York, Las Vegas, San Francisco oder Los Angeles, die Wolkenkratzer, die Nationalparks, die Wüste mit dem „Death Valley"
(Tal des Todes), der „Grand Canyon", die „Disney"-Vergnü-
gungsparks, Hollywood und die Strände Floridas – wo gibt es
das sonst noch?

Aber abgesehen davon, was macht die Vereinigten Staaten von
Amerika denn so „besonders"?

Bei Bewunderern und Kritikern der USA wird zu oft vergessen,
dass die Vereinigten Staaten ein von der Natur wahrhaft „be-
vorzugtes" Land sind.

Denn die USA haben nicht nur viel Platz – und sind mit knapp
über 300 Millionen Bewohnern immer noch sehr spärlich be-
siedelt. Die USA verfügen auch über gewaltige Bodenschätze,
etwa von Öl, Kohle, Gold, Silber, Diamanten und vielen Erzen.

Der größte Teil des Landes ist zudem sehr fruchtbar mit meist idealen Bedingungen für die Landwirtschaft.

All das trägt dazu bei, dass „die Amerikaner" den von ihnen bewohnten Erdenflecken als „God's own country" bezeichnen, als „Gottes eigenes Land". Obwohl eigenen Angaben zufolge 95 Prozent aller US-Bürger „an Gott glauben", ist das vielleicht etwas großsprecherisch und auf jeden Fall nicht zu beweisen. Aber unbestritten bleibt, dass „Amerika" eine mit viel Bewunderung verbundene, große Anziehungskraft ausübt.

Und da ist ja auch viel zu bestaunen: Etwa die majestätischen Rocky Mountains, die „Filmkulisse" des Monument Valley, das architektonische „Wunder" der New Yorker „Brooklyn Bridge", die Wolkenkratzer, der „Weltraumbahnhof" von Cape Canaveral in Florida, verlassene Geisterstädte, sich im Horizont verlierende endlos gerade Strassen, Luxushotels, ungeschminkte Filmstars in Los Angeles, Cowboys zu Fuß, auf dem Fahrrad oder im Sportwagen und auch jede Menge freundlich-neugierige Menschen – und gelegentlich ein paar sehr unfreundliche. Die US-Autos sind immer noch

Apollo 11 startete vom Kennedy Space Center in Cape Canaveral.

27

Nicht nur die Autos, sondern vor allem auch die Trucks sind in den USA für europäische Augen ungewohnt groß.

etwas größer als die Gefährte zu Hause, die Jeans sind in den „Outlet Stores" viel billiger und die Werbung für Coca Cola und Hamburger greller als gewohnt.

Etliche dieser Eindrücke und Erfahrungen belegen gleichzeitig, dass die Vereinigten Staaten von Einwanderern aufgebaut und zu dem gemacht wurden, was sie heute sind. Und viele von ihnen sind deutscher Herkunft.

Die „Brooklyn Bridge" wurde vom aus Deutschland eingewanderten Architekten Johann Roebling entworfen. Ohne den nach dem Zweiten Weltkrieg in die USA ausgewanderten „Raketen-Pionier" Wernher von Braun hätte es am 20. Juli 1969 mit Sicherheit nicht das erste Betreten des Mondes durch einen Menschen gegeben. Es war der Amerikaner Neil Armstrong, dessen Vorfahren aus Deutschland eingewandert waren. Die ersten „Hamburger", die amerikanischste aller Speisen, wurden ab

1850 auf den deutschen Auswandererschiffen der „Hamburg-Amerika-Linie" gebrutzelt.

Auch die Jeans, die Cowboy- oder Nietenhosen, hätte es ohne einen deutschen Einwanderer nie gegeben. Denn die „amerikanischste aller Hosen" wurde ebenfalls 1850 zuerst von dem aus Franken stammenden Levi Strauss zusammengebastelt.

Bei der amerikanischen Volkszählung im Jahr 2000 bezeichnete sich jeder siebte Bewohner des Landes, als „deutschstämmig". Den Begriff „deutsch" verwenden Amerikaner dabei aber sehr großzügig. Sie meinen damit oft den „deutschsprachigen Kulturraum". Zu dem wird in den USA vielfach auch Österreich und die Schweiz gezählt.

Der wohl bekannteste deutschstämmige US-Politiker ist Ex-Außenminister Henry Kissinger, der mit seinen Eltern vor den Nationalsozialisten in die Vereinigten Staaten geflüchtet war. Weniger bekannt ist die deutsche Abstammung von Ex-Verteidigungsminister Donald Rumsfeld.

Deutschstämmig sind aber auch zahlreiche berühmte Amerikaner, bei denen die meisten ihrer Mitbürger keine deutschen Wurzeln vermuten. Der Grund liegt oft darin, dass viele deutsche Einwanderer ihren Namen nach der Ankunft in den Vereinigten Staaten „amerikanisierten". Dazu gehört Ex-Präsident Dwight D. Eisenhower, dessen Vorfahren noch „Eisenhauer" geheißen hatten. Und auch Ex-Präsident Herbert Hoover, dessen Ahnen den Namen „Huber" trugen. Es gibt aber noch einen US-Präsidenten mit deutschen Vorfahren: den 2009 ins Amt gekommene Barack Obama.

Der Segler „Patience" brachte 1750 den im deutschen Besigheim bei Stuttgart geborenen, 21-jährigen Johann Conrad Wölflin in die „neue Welt". Er änderte seinen Namen in Wolfly und unter seinen direkten Nachfahren befand sich Obamas Mutter Ann. Wie bei so vielen Amerikanern kamen die Vorfahren des Präsidenten schließlich aus vielen Gegenden der Welt: Väterlicherseits gehörten seine Vorfahren der ethnischen Gruppe der Luo in Kenia an. Mütterlicherseits ist die Vorfahrengemeinde sehr viel bunter. Neben Deutschen und Cherokee-Indianern gehören auch Engländer, Schotten, Waliser, Iren, Schweizer und Franzosen zur großen Familiengemeinde von Barack Obama.

Deutschen Ursprungs sind auch die Gründer weltweit operierender US-Konzerne. Dazu zählen Chrysler und Boeing ebenso wie das Ketchup-Imperium „Heinz", die Schokoladen-Könige von „Hershey" und die Klavier-Dynastie „Steinway". Nachkommen deutscher Einwanderer sind auch die in der US-Politik und der Hochfinanz erfolgreichen Mitglieder der Familie der Rockefeller.

Auch in der Kunst haben deutsche Einwanderer der ersten und folgender Generationen Spuren hinterlassen. Etwa die Schriftsteller John Steinbeck und Kurt Vonnegut, die Komponisten Oscar Hammerstein, Kurt Weill und Arnold Schoenberg sowie die Theater- und Filmregisseure Bertolt Brecht, Fritz Lang und Otto Preminger.

Deutsch-Amerikaner waren auch die weltberühmten Fotografen Alfred Eisenstaedt und Alfred Stieglitz. Deutschstämmige Maler wie Max Beckmann, George Grosz, Roy Lichtenstein und Robert Rauschenberg gehören zu den Großen der amerikanischen Kunstszene. Und die amerikanische Architekturgeschichte ist ohne deutsche Emigranten wie Walter Gropius und Mies van der Rohe nicht denkbar.

In Hollywood wimmelt es nur so von deutschstämmigen Stars: Dazu gehören Sandra Bullock, Nicolas Cage, Tom Cruise, Johnny Depp, Leonardo DiCaprio, Cameron Diaz, Hilary Duff, Kirsten Dunst, Tom Hanks, Uma Thurman, Bruce Willis und Rene Zellweger.

Die höchste Lobpreisung, die einem als superintelligent empfundenen Amerikaner zuteil werden kann, lautet: „Na, du Einstein." Sie erinnert an den in Ulm geborenen, wegen seiner jüdischen Glaubenszugehörigkeit vor den Nationalsozialisten in die Vereinigten Staaten geflohenen und wohl berühmtesten deutschen Einwanderer: den 1955 gestorbenen Physiker und Nobelpreisträger Albert Einstein.

Albert Einstein (1879–1955)

Sklaverei und Rassismus in den USA

Die natürlichen Gegebenheiten des Landes, der Optimismus der Einwanderer und ihr Überlebenswille haben die Vereinigten Staaten groß, reich und stark gemacht. Daraus leiten US-Bürger und besonders ihre Politiker oft den Anspruch ab, etwas „Besonderes" und in allem und jedem ein Vorbild für die Welt zu sein. Aber welche Nation kann schon von sich behaupten, moralischer als alle anderen zu sein? Auch die Vereinigten Staaten sind nicht ohne Fehl und Tadel. Zu belegen ist das schon allein mit einem Blick auf einen besonders dunklen Fleck in der US-Geschichte, der Sklaverei, und damit auch dem praktizierten Rassismus.

Barry Obama will nicht kariert sein

Als Barack Hussein Obama 1961 in Honolulu auf Hawaii geboren wurde, konnte niemand ahnen, dass dieses kleine Kerlchen 47 Jahre später etwas ganz Großes sein würde. Sicher ist nur, dass der „Barry" genannte Knirps im Frühjahr 1966 sein erstes deutsches Wort lernte. Denn seine Mutter hatte ihn in der Vorschule ange-

meldet. Und die wird auf amerikanisch „Kindergarten"
genannt.

Im Kindergarten der Noelani Elementary School lernten Barry und seine Mitschüler, dass es verschiedene
Gruppen von Menschen gibt. Entweder mit weißer Hautfarbe oder einer dunklen. Manche Menschen hätten auch
asiatische Gesichtszüge. Auf jeden Fall würden Kinder
immer so aussehen wie ihre leiblichen Eltern.

Der später noch oft seine Lehrer verbessernde Barry
meldete sich sofort und teilte lautstark mit: „Stimmt
doch gar nicht. Mein Vater ist schwarz. Aber meine
Mutter ist weiß, und meine Oma und mein Opa sind es
auch. Und was bin ich denn jetzt? Etwa kariert?"

Die Lehrerin wollte sich nicht belehren lassen und be-
schied dem Schüler nur knapp: „Manchmal ist die Sache etwas komplizierter." Damit war der vorlaute Barry
auch nicht einverstanden und protestierte: „Ich bin
nicht kompliziert, sondern Barry Obama."

So ging das ein ganzes Jahr lang und sein ständiges
„Stimmt doch nicht" brachte dem Fünfjährigen den
Spitznamen „Weiß-alles-besser-Barry" ein. Die Lehre-
rinnen und Lehrer waren sehr froh, als Mutter Obama
ihren Kleinen nach einem Jahr abmeldete. Sie war inzwischen von Barrys Vater geschieden worden, der ohne
seine Familie nach Kenia zurückgekehrt war. Barrys Mutter heiratete einen aus Indonesien stammenden Studien-
kollegen und Mutter und Kind zogen in die indonesi-

sche Heimat des neuen Ehemannes. Barry Obama sah seinen kenianischen Vater erst wieder, als er längst erwachsen war.

Die Lehrer in der Schule auf Hawaii hatten ihren Schülern aber immerhin erklärt, warum es auf den Inseln im Pazifik und überall in Amerika Menschen mit unterschiedlicher Hautfarbe gibt.

Barry und seine Mitschüler lernten, dass sich im Laufe der Jahrhunderte Menschen aus vielen Gegenden der Welt auf den Weg machten, um in der Ferne ihr Glück zu suchen und ein neues Leben zu beginnen. Diese Menschen hätten die unterschiedlichsten Hautfarben gehabt. Viele Menschen aus Asien seien eben nur bis auf die Hawaii-Inseln gekommen, während andere weiterreisten und bis an die Westküste des amerikanischen Kontinents kamen.

Der junge Barry horchte auf, als die Lehrer erklärten, dass die Einwanderer mit schwarzer Hautfarbe in aller Regel gar nicht freiwillig gekommen, sondern als Sklaven in Afrika geraubt, in Ketten gelegt und in Amerika verkauft worden seien. „Fortan waren sie der Besitz von weißen Amerikanern. Sie mussten ohne Lohn auf ihren Farmen arbeiten und sie wurden sehr schlecht behandelt."

Den kleinen Barry erschreckte die Geschichte mit den Sklaven sehr. Denn auch er hatte ja eine dunkle Hautfarbe. Beim Abendessen am Tisch sah er sich um. Das saßen seine weiße Mutter, seine weiße Großmutter Madelyn Dunham und sein genauso weißer Großvater Stanley. Mit vollem Mund fragte Barry schließlich: „Habt ihr mich etwa in Afrika geraubt und bin ich ein Sklave?"

Jetzt war die Mutter verwirrt und sie wollte von ihrem Sohn wissen: „Wie kommst du denn darauf?" Da erzählte Barry, was er gerade in der Schule gelernt hatte. Und konnte beim besten Willen nicht verstehen, warum alle am Tisch in schallendes Gelächter ausbrachen.

„Mach dir keine Sorgen", sagte die Mutter, „ich erklär dir das mal: Also, du hast eine weiße Mutter, nämlich mich. Und einen Vater, der aus Afrika nach Amerika gekommen ist. Nicht als Sklave, sondern freiwillig als Student. Und du bist unser Kind."

Da war Barry beruhigt und die Großmutter fügte noch lachend hinzu: „Mein Junge, du bist also nicht richtig weiß, aber auch nicht richtig schwarz.

Du bist ganz einfach Milchkaffee oder Kakao. Wie gefällt dir das?"

Barry dachte einen Augenblick angestrengt nach und teilte dann mit fester Stimme mit: „Ich will aber nicht Kaffee und auch nicht Kakao sein. Ich will schwarz sein. Denn

das ist ja wohl etwas Besonderes. Schwarz wie mein Vater, wenn es euch nichts ausmacht."

Da nickten die drei Weißen am Tisch zustimmend und die Mutter sagte nur noch: „Und wenn du etwas älter bist, kannst du ja mal in Büchern nachlesen, worum es bei der Geschichte der Sklaverei wirklich ging." „Ja ja, mach ich", bestätigte Barry und ein paar Minuten später hatte er die Sache mit der Sklaverei schon wieder vergessen.

An das Erlebnis am Abendbrottisch erinnerte sich Barry erst wieder 1980 als Student am Occidental College in Los Angeles. Inzwischen war er 19 Jahre alt und bestand darauf, nicht mehr „Barry", sondern „Barack" genannt zu werden.

Barack Obama verschlang Buch um Buch und am Ende wusste er, was es mit der Sklaverei in den Vereinigten Staaten von Amerika wirklich auf sich hatte.

Sklaverei

Im Herbst 1619 wurde der holländische Frachtsegler „Witte Leeuw" (Weißer Löwe) mitten im Atlantik von der Besatzung eines spanischen Frachtseglers angegriffen. Vielleicht war es auch umgekehrt. Auf den Weltmeeren war es gang und gäbe, anderen Seefahrern mit Gewalt die Fracht abzunehmen. Das Zeitalter der Piraterie hatte begonnen.

Bevor das eigentlich nach Mexiko fahrende spanische Schiff infolge von Gerangel und Geschieße unterging, gelang es den holländischen Piraten, noch schnell einen Teil der spanischen Fracht abzugreifen: ein paar Dutzend aneinandergekettete Sklaven aus Afrika.

In den nächsten Tagen geriet die „Witte Leeuw" in schlimme Stürme und wurde schwer beschädigt. Einige der Sklaven starben und wurden ins Meer geworfen. Mit mehr Glück als Verstand schafften es die Holländer gerade noch in den Hafen der Kolonialistensiedlung bei Fort Monroe im heutigen US-Bundesstaat Virginia. Und da wurde geschäftsmäßig ein Tauschhandel abgewickelt.

Die Holländer verhökerten ihre aus „20 Negroes" bestehende menschliche Fracht an die Siedler. Dafür bekamen sie Vorräte für die Heimfahrt und ihr Schiff wurde auch repariert. Mit Ausnahme der an der Westküste Afrikas geraubten Menschen waren alle zufrieden: Die Siedler hatten dringend benötigte Arbeitskräfte und die Piraten einen generalüberholten Segler. Und damit fing die Geschichte der Sklaverei an.

Wie beim „Geschäft" der „Witte Leeuw" gab es beim Sklaven-
handel stets zwei Parteien: die Lieferanten von Sklaven und
die Abnehmer.

An der Lieferung immer neuer Sklaven beteiligten sich viele
europäische Nationen: hauptsächlich die Holländer, die
Spanier, die Portugiesen und die Briten. Nicht nur die
Sklavenhalter, sondern gleichermaßen auch die Sklaven-
beschaffer machten sich skrupellos kaum vorstellbarer Verbrechen gegen die Menschlichkeit schuldig.

Die menschliche Ware für die Sklavenhändler beschafften west-
afrikanische Völker, die nur zum Zweck des Menschenraubs
Nachbarvölker überfielen. Die mit Eisenketten gefesselten Männer, Frauen und Kinder wurden in den Frachträumen der Se-
gelschiffe eingepfercht. Bei den wochenlangen Überfahrten
starb oft die Hälfte der „Fracht" durch Krankheiten, Misshandlungen und mangelnde Ernährung.
Insgesamt zwölf Millionen erreichten die Länder Nord- und
Südamerikas sowie der Karibik lebend. Die meisten Sklaven
wurden an brasilianische Abnehmer verkauft. Schätzungsweise 650.000 Sklaven gingen in den Besitz von Sklavenhal-
tern im Gebiet der heutigen Vereinigten Staaten über.
Einer Volkszählung im Jahr 1860 zufolge lebten im Gebiet der
USA rund acht Millionen „freie Menschen" und inzwischen etwa
vier Millionen Sklaven. Sklaverei war erblich und deshalb gin-

gen auch alle Nachkommen der ursprünglich in Afrika geraubten Sklaven in den Besitz ihrer „Herren" über. Vergewaltigungen von Sklavinnen durch ihre weißen Herren waren an der Tagesordnung. Auch den anschließend zur Welt kommenden „gemischtrassigen" Kindern blieb das Sklavenschicksal nicht erspart.

Knapp 400.000 weiße Amerikaner, überwiegend Farmer im Süden des Staates, wurden als Sklavenbesitzer registriert. Angehörige dieser Gruppe „besaßen" damit jeweils durchschnittlich zehn Sklaven.

Zahlreiche Gesetze regelten den Umgang mit Sklaven. Sie wurden nicht als „Menschen", sondern als „Sachwerte" eingestuft. Das Ermorden von Sklaven durch ihre Besitzer war ausdrücklich straffrei. Das Töten von Sklaven anderer Besitzer wurde als „Sachbeschädigung" mit Bußgeldern und der Pflicht zur Leistung von Schadenersatz geahndet.

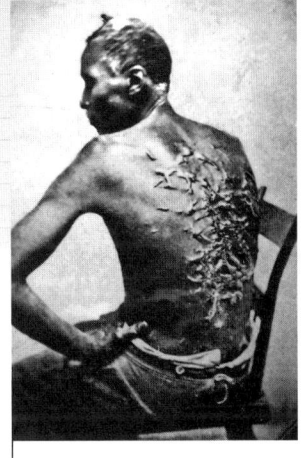

Da in den nördlichen Bundesstaaten keine Sklaverei praktiziert wurde, unternahmen Sklaven aus den Südstaaten immer wieder Fluchtversuche. Unterstützt wurden sie dabei von einer großen Gruppe von weißen Hel-

Narben eines misshandelten Sklaven

fern in den Nordstaaten, die Fluchtwillige über eine geheime „Underground Railroad" in die Freiheit schleusten. Viele Flüchtlinge wurden vom Nachbarland Kanada aufgenommen, wo sie als freie Menschen leben konnten.

Die Sklavenhalter machten regelmäßig Jagd auf die Flüchtenden. Und wenn sie entlaufene Sklaven nach dem Wiedereinfangen nicht auspeitschten, was oft das Totprügeln bedeutete, wurden ihre „Besitzer" häufig wegen „Störung der öffentlichen Ordnung" selbst zur Rechenschaft gezogen und zu Geldstrafen verurteilt.

Lincoln und der Bürgerkrieg

„Folgende Wahrheiten erachten wir als selbstverständlich: dass alle Menschen gleich geschaffen sind; dass sie von ihrem Schöpfer mit gewissen unveräußerlichen Rechten ausgestattet sind; dass dazu Leben, Freiheit und das Streben nach Glück gehören. Diese einfachen Worte aus unserer Verfassung sind der Ausgangspunkt unserer Geschichte als Amerikaner."

Barack Obama in „The Audacity of Hope"

Die Plantagenbesitzer in den südlichen Bundesstaaten brachten es zu großen Reichtümern, die fast ausschließlich von den Sklaven, ihren menschlichen Arbeitstieren, erwirtschaft wurden.

Mit der Wahl von Präsident Abraham Lincoln zeichnete sich dann 1861 das Ende der Sklaverei in den Vereinigten Staaten ab, was aber selbst der Präsident damals noch nicht wusste. Denn er führte das Land in den amerikanischen Bürgerkrieg zwischen den praktisch sklavenfreien Nordstaaten und den „Sklavenhalterstaaten" im Süden. Spätere US-Generationen verklären den Krieg als großen Feldzug zur Abschaffung der Sklaverei. Aber wie so oft in der Politik ist die Sache etwas komplizierter. Wirtschaftlich war das Land schon vorher in einen die Sklaverei verbietenden industrialisierten Norden und den an der Sklaverei festhaltenden agrarischen Süden geteilt. Die sogenannten „Sklavenstaaten" sorgten mit einem Trick dafür, dass sie im Washingtoner Parlament trotz geringerer Bevölkerungszahlen überproportional vertreten waren und über mehr Einfluss als die durch höhere Steuereinnahmen reicheren und sehr viel dichter besiedelten Nordstaaten verfügten.

Im ganzen Land hatten Sklaven und ehemalige Sklaven kein Wahlrecht. Die Südstaaten berechneten aber jeden Sklaven als „Dreifünftel-Einwohner" und schickten deshalb mehr Volksvertreter nach Washington, als ihnen eigentlich zustanden. Gleichzeitig ermunterten die Südstaaten die Bewohner von ein paar der im amerikanisch-mexikanischen Krieg annektierten Gebiete, ebenfalls die „Sklaven-Arithmetik" einzuführen. Damit drohte die Gefahr einer Machtübernahme der Sklavenstaaten im ganzen Land. Und als die Südstaaten 1861 ihren Austritt aus dem Verbund der Vereinigten Staaten verkündeten, die „Konföderierten Staaten von Amerika" gründeten und

mit Jefferson Davis einen „Gegen-
präsidenten" wählten, sprach Präsident Abraham Lincoln das Macht-
wort: „So geht das aber nicht."
Das löste den amerikanischen Bürgerkrieg aus und dieser Krieg endete am 23. Juni 1865 mit der Kapitulation der Südstaaten und dem
anschließenden Verbot der Sklaverei im ganzen Land.

Der lange Kampf der Bürgerrechtsbewegung

Nach dem Ende des amerikanischen
Bürgerkrieges und der Abschaffung der Sklaverei im gesamten Gebiet der Vereinigten Staaten vergingen aber noch 143
Jahre bis zur Wahl des ersten afroamerikanischen US-Präsidenten: Barack Obama. Die vorangegangenen 143 Jahre waren
auch ohne Sklaverei eine Leidenszeit für die schwarzen Bürger
des Landes und ein nur schwer zu tilgender Schandfleck der
amerikanischen Geschichte.
Es waren Jahre der Entrechtung und weiteren Unterdrückung,
von grauenhaften Verfolgungen und auch die Zeit vieler rassistisch motivierter Morde. Die meisten Namen der mehreren
Tausend gelynchten Mordopfer sind dabei längst in Vergessenheit geraten.

Die Geschichte des amerikanischen Rassismus ist gleichzeitig auch die Geschichte einer letztlich doch erfolgreichen Bürgerrechtsbewegung von schwarzen und sehr vielen weißen Freiheitskämpfern sowie einiger mutiger Politiker.

Nach der Abschaffung der Sklaverei konnten sich die Afroamerikaner genannten ehemaligen Sklaven etwa elf Jahre lang bescheidener Rechte erfreuen: Sie konnten sich selbst ihre Arbeitsstellen suchen und in einigen Fällen wurde ihnen das Wahlrecht eingeräumt.

Doch nach den von weißen Politikern in großen Teilen des Landes gefälschten Wahlen von 1876 war es mit der relativen Freiheit der ehemaligen Sklaven auch wieder vorbei.

In fast allen Gebieten der Vereinigten Staaten und besonders intensiv im Süden des Landes verabschiedeten weiße Politiker eine Flut von diskriminierenden Gesetzen, die „Negroes" zu weitgehend entrechteten Menschen zweiter Klasse machten.

Zuerst wurde nicht weißen Amerikanern, also den Schwarzen, aber auch den Ureinwohnern, Einwanderern aus mittel- und südamerikanischen sowie asiatischen Ländern, in vielen Bundesstaaten das Wahlrecht in der Praxis wieder vielfach aberkannt. Um wählen zu dürfen, mussten nicht weiße Amerikaner – und nur sie – nun bei Tests nachweisen, dass sie lesen und schreiben konnten oder über Landbesitz verfügten.

Die Tests wurden massenhaft gefälscht und fast jeder fiel durch. Und Landbesitz konnte auch kaum jemand nachweisen, weil Nichtweiße in großen Landesteilen per Gesetz kein Land besitzen durften.

Auch weiße Amerikanerinnen waren damals nicht wahl-
berechtigt. Das Wahlrecht für Frauen wurde in den Vereinigten Staaten erst im Jahr 1920 eingeführt. In Österreich
hatten Frauen das Wahlrecht 1918 und in Deutschland 1919
erhalten.

Bis zur Verabschiedung des Gesetzes, das farbigen US-Bürgern
1965 das volle Wahlrecht zusicherte, wurden nicht weiße Amerikaner oft mit behördlicher und privater Gewalt daran gehin-
dert, sich in die Wählerverzeichnisse eintragen zu lassen. Zahlreiche Wahlwillige wurden auf dem Weg zu den zuständigen
Behörden von Mitgliedern weißer Rassistengruppen und oft
auch von Polizisten ermordet.

Obwohl es dabei in fast allen Fällen viele Augenzeugen gab,
wurde kaum einer der Mörder vor Gericht gestellt. Und wenn
es ausnahmsweise doch einmal erfolgte, gab es in der Regel
Freisprüche „wegen erwiesener Unschuld". Das hatte mit Si-

cherheit auch etwas damit zu tun, dass Polizisten, Staatsan-
wälte, Richter und Geschworene ausnahmslos weiße Hautfarbe hatten. Denn zu diesen Ämtern waren gesetzlich nur „ein-
getragene Wähler" berechtigt.

Die gesetzlich festgelegte „Rassentrennung" erfasste sehr
schnell praktisch alle Lebensbereiche. Öffentliche Einrichtungen wie Behörden, Schulen, Krankenhäuser, Friedhöfe, Militär-
einrichtungen und Verkehrsmittel, aber auch Toiletten, Kinos,
Hotels, Restaurants, Schwimmbäder, Badestrände, Sportver-
eine und Bänke in Parks wurden für „Whites" (Weiße) und „Colored" (Farbige) reserviert. Die Missachtung dieser Vorschriften durch Nichtweiße wurde in den Südstaaten der USA häufig mit längeren Gefängnisstrafen geahndet.

Unter Strafe verboten waren auch sexuelle Beziehungen oder
gar Eheschließungen zwischen weißen und nicht weißen Amerikanern.

Angeklagt und verurteilt wurden meist jedoch nur die jeweiligen nicht weißen Partner. Als Barack Obamas weiße Mutter
und sein schwarzer Vater am 2. Februar 1961 in Hawaii heira-
teten, mussten Paare solcher „Mischehen" in zahlreichen US-
Bundesstaaten noch mit Gefängnisstrafen rechnen.

Solche Formen der Rassentrennung wurden auch in anderen Ländern praktiziert. Besonders abschreckende Bei-
spiele dafür waren die amtliche „Apartheidspolitik" in Süd-
afrika und die Diskriminierungen der jüdischen Mitbürger

in Deutschland während der Herrschaftszeit der Nationalsozialisten von 1933 bis 1945.
Die Diskriminierung der Juden wurde von den Nationalsozialisten schließlich zu einer staatlich organisierten Aus-
rottungspolitik mit der amtlich organisierten Ermordung
von sechs Millionen Juden ausgeweitet. Weitere fünf Millionen Ermordete in den Konzentrationslagern waren politische Häftlinge, Angehörige der Glaubensgemeinschaft
der „Zeugen Jehovas", Behinderte, kleinwüchsige Menschen, Homosexuelle und andere Menschen, derer sich
der Nationalsozialismus „entledigen" wollte.

Die „weißen" Landesregierungen in den amerikanischen Südstaaten stellten für die Schulen und Krankenhäuser der „Colored" nur verhältnismäßig wenig Steuermittel zur Verfügung.
Die Folgen waren weitverbreiteter Analphabetismus unter farbigen Schülerinnen und Schülern und eine beklagenswert un-
zureichende medizinische Versorgung des nicht weißen Bevöl-
kerungsteils. Die Säuglingssterblichkeit bei der nicht weißen
Bevölkerung war zeitweise fünfmal so hoch wie bei Weißen.
Wer schwarz war, musste in aller Regel auch früher sterben. In
den vergangenen Jahrzehnten hatten Afroamerikaner eine durchschnittlich fast zehn Jahre kürzere Lebenserwartung als ihre
weißen Mitbürger.
Spezielle Rassengesetze schränkten auch die freie Berufs-
und Wohnungswahl ein. Viele örtliche Behörden stellten kei-

ne „Negroes" ein und Bewerbungen für den Polizeidienst waren zwecklos. Mit behördlichen Vorschriften wurden getrennte Wohngebiete für Weiße und Nichtweiße eingerichtet. In den „Schwarzen-Gettos" sorgten ausschließlich weiße Polizisten für Ordnung – oder was sie darunter verstanden.

Die Arbeitslosigkeit unter amerikanischen Nichtweißen ist traditionell und bis auf den heutigen Tag erheblich höher als unter weißen Amerikanern. Die Gründe liegen in der oft vergleichsweise schlechteren schulischen Ausbildung und einer – inzwischen verbotenen – Diskriminierung nicht weißer Bewerber. Die durchschnittlichen Löhne und Gehälter von „Farbigen" liegen immer noch erheblich unter denen der Weißen.

Nicht weiße Amerikaner waren in der Zeit der Rassentrennung auch sehr häufigen Übergriffen einschließlich einer weitverbreiteten Polizeibrutalität ausgesetzt. Nach Ermittlungen des Washingtoner Justizministeriums wurden zwischen 1882 und 1952 mindestens 4.782 Lynchmorde verübt. Die meisten Opfer waren „Negroes" und in seltenen Ausnahmefällen weiße Amerikaner christlichen oder jüdischen Glaubens.

Die Morde wurden meist durch öffentliches Erhängen verübt. Die Mehrheit aller „Lynchings" fanden in einer „Volksfest-Atmosphäre" mit großem Publikum statt. Polizisten waren häufig aktiv an den Mordtaten beteiligt oder sahen ihnen tatenlos zu. Meist bestand die „Schuld" der Opfer darin, eine andere

Hautfarbe als die Mörder zu haben. Oft wurden Lynchmorde auch als „Strafen" für Bagatellvergehen oder erfundene Vergehen „vollstreckt".

Neben Lynchmorden durch Erhängen fielen schwarze Mitbürger auch Bombenanschlägen und Brandstiftungen in Häusern und Kirchen zum Opfer. Die für diese Taten Verantwortlichen waren häufig Angehörige der heute noch bestehenden weißen Rassistenorganisation Ku Klux Klan.

Die rassistisch motivierten Verfolgungen lösten in den Südstaaten eine Massenabwanderung schwarzer US-Bürger in die

Mitglieder des Ku Klux Klan verbergen ihre Gesichter unter weißen Kapuzengewändern. Ihr wohl bekanntestes Symbol ist das brennende Kreuz.

liberaleren Bundesstaaten im Norden und im Westen der Vereinigten Staaten aus. Rund sieben Millionen Farbige flohen zwischen 1910 und 1970 in die weniger rassistischen Gebiete der Vereinigten Staaten. Viele suchten Schutz im Nachbarland Kanada mit seinen traditionellen Schutzrechten für Minderheiten.

Zahlreiche nicht weiße Amerikaner bemühten sich von Anfang an um eine Beendigung der Rassendiskriminierung. Eine Gruppe von Farbigen gründete 1909 die Bürgerrechtsorganisation „National Association for the Advancement of Colored People/ NAACP" (Nationale Vereinigung für die Förderung farbiger Menschen). Mit den friedlichen Mitteln von Aufklärung, Protesten, Demonstrationen sowie Aktionen zivilen Ungehorsams wie Sitzstreiks setzte sich die NAACP zusammen mit anderen Organisationen für eine Gleichberechtigung aller Amerikaner ein. Die Aktionen der Bürgerrechtler im Süden der Vereinigten Staaten wurden von der Staatsgewalt regelmäßig brutal unterdrückt. Beim Vorgehen der Polizisten wurden mehr als 100 der friedlich Demonstrierenden getötet.

Bis zu einem ersten wirklichen Erfolg der Bürgerrechtsbewegung dauerte es Jahrzehnte. Am 17. Mai 1954 erklärte das Verfassungsgericht in Washington die Trennung von „schwarzen" und „weißen" Schulen für verfassungswidrig. Von den Landesregierungen und anderen Behörden in den Südstaaten wurde der Richterspruch aber weitgehend ignoriert.

Rosa Parks' Fingerabdrücke werden nach ihrer Verhaftung abgenommen.

Am 1. Dezember 1955 weigerte sich die schwarze Näherin Rosa Parks in Montgomery (Alabama), ihren Sitzplatz im Bus für einen weißen Fahrgast zu räumen. Schwarze Passagiere mussten auf den letzten Sitzreihen Platz nehmen. Aber weil dort nichts mehr frei war, hatte Rosa Parks nach einem langen Arbeitstag einen Sitz in der „weißen Abteilung" des Busses belegt. Wegen dieses „Vergehens" wurde Rosa Parks von herbeigerufenen Polizisten verhaftet, ins Gefängnis gesperrt, vor Gericht gestellt und zu einer Geldstrafe verurteilt.

Als Reaktion darauf organisierte die von einem außerhalb der Stadt unbekannten Baptistenpfarrer namens Martin Luther King angeführte örtliche Bürgerrechtsorganisation einen Boykott der Verkehrsbetriebe. An ihm beteiligten sich praktisch alle der rund 50.000 schwarzen Bewohner von Montgomery.

Mehr als ein Jahr lang legten viele der Demonstranten jeden Tag zum Teil stundenlange Fußmärsche zwischen ihren Wohnungen und Arbeitsstätten zurück. Wegen der entgangenen Einnahmen standen die Verkehrsbetriebe schließlich kurz vor der Pleite. Die Stadtverwaltung hob die Rassentrennung in den Bussen auf und die Bürgerrechtler feierten einen Sieg.

Zu Beginn des neuen Schuljahres im Herbst 1957 beriefen sich in Little Rock (Arkansas) neun schwarze Schüler auf das inzwischen schon mehr als drei Jahre zuvor verkündete Urteil des Verfassungsgerichts und wollten die bislang für weiße Schüler reservierte „Central High School"

in der Stadt besuchen. Eine vom rassistischen Gouverneur des Bundesstaates, Orval Fabus, aufgestachelte Meute gleichgesinnter Weißer hinderte die schwarzen Schüler aber gewaltsam am Betreten der Schule. Zur Verhinderung weiterer Versuche und zum „Schutz der Schule" setzte der Gouverneur anschließend die militärische Nationalgarde von Arkansas ein.

Als Präsident Dwight Eisenhower in Washington davon erfuhr, übernahm er selbst die Befehlsgewalt über die

Dwight D. Eisenhower (1890–1969)

Nationalgarde Arizonas und ordnete ihren Rückzug in die Kasernen an. Gleichzeitig schickte er Elitesoldaten der Fallschirmjägertruppen der regulären Armee nach Little Rock, die für die schwarzen Schüler endlich den Schulbesuch erzwangen. Der Gouverneur gab sich aber noch nicht geschlagen. Zur Verhinderung weiterer „Negroe-Invasionen" in weißen Schulen ordnete er die Schließung aller öffentlichen Schulen an. Die Behörden mehrerer anderer Südstaaten folgten diesem Beispiel. Zum Teil fand ein Jahr lang kein Unterricht in den Schulen statt.

Als gewaltlose Proteste gegen die 1960 weiterhin praktizierte Rassentrennung organisierten schwarze Studenten in vielen Städten der Südstaaten „Sit-ins" in den „weißen" Abteilungen von Fast-Food-Läden, in Büchereien, Kinos, Museen, an Stränden und anderen Orten. An diesen Demonstrationen beteiligten sich oft auch weiße Amerikaner. Aber gleichzeitig wurden die Aktionen oft durch Gegendemonstranten und Polizisten gewaltsam beendet. In vielen Fällen wurden die schwarzen Demonstranten in Polizeigewahrsam schwer misshandelt und von Gerichten häufig zu monatelanger Zwangsarbeit in sogenannten „Chain Gangs" verurteilt. Dabei wurden die Mitglieder der Arbeitskolonnen aneinandergekettet und bei öffentlichen Arbeitseinsätzen zur Schau gestellt.

1962 starteten verschiedene Bürgerrechtsorganisationen eine Aktion zur Registrierung schwarzer Wähler in den Südstaaten. Auf diese Versuche reagierten weiße Rassistengruppen, aber

auch Vertreter der „Obrigkeit" und „ganz normale" weiße Mitbürger, mit Gewalttaten. Wahlwillige und ihre Helfer wurden
brutal zusammengeschlagen. Polizisten hetzten Hunde auf die
Bürgerrechtsgruppen.

„Schwarze" Kirchen und die Wohnhäuser von Organisatoren
wurden niedergebrannt. Eine amtlich nie genau ermittelte Zahl
von Bürgerrechtlern fiel Mordanschlägen zum Opfer.

Präsident John F. Kennedy und besonders sein Bruder, Justizminister Robert F. Kennedy, verurteilten die Gewalttaten und
sprachen sich für gesetzliche Schutzrechte für die schwarze
Minderheit des Landes aus. Entsprechende Gesetzentwürfe
scheiterten aber im Parlament am entschiedenen Widerstand
konservativer Volksvertreter besonders aus den südlichen Bundesstaaten. Im November 1963 wurde Präsident Kennedy im

| Die Aufnahme entstand kurz nach dem Attentat auf John F. Kennedy.

texanischen Dallas von einem Attentäter ermordet. Die farbige Minderheit des Landes verlor damit ihren hochrangigen Fürsprecher.

Im Sommer 1964 unternahmen mehr als 1.000 – fast ausschließlich weiße – Studenten aus den nördlichen Bundesstaaten einen neuen Versuch zur Registrierung schwarzer Wähler in den Südstaaten. Mehr als die Hälfte dieser Freiwilligen war jüdischen Glaubens. Viele von ihnen waren Kinder von Überlebenden der nationalsozialistischen Konzentrationslager. Ihnen hatte man nicht lange erklären müssen, was rassistisch motivierte Benachteiligung und Verfolgung bedeutet.

Die Widersacher der „Emanzipation der Schwarzen" reagierten erneut mit einer Welle von Gewalt. Mehrere freiwillige Helfer wurden ermordet. Polizei und Justiz schützten die Täter offen vor Verfolgung. Zahlreiche Demonstrationen gegen die Gewaltaktionen wurden von Pfarrer Martin Luther King angeführt. Er und seine Mitstreiter, zu denen auch zahlreiche jüdische Rabbiner gehörten, wurden wiederholt verhaftet und in Gefängnisse gesteckt.

Die Fernsehbilder der brutalen Übergriffe weißer und oft polizeilicher Schlägertrupps schockierten die Nation. Lyndon Johnson, Kennedys Nachfolger als Präsident, leitete dem Parlament

Lyndon B. Johnson (1908–1973)

54

daraufhin mehrere „Bürgerrechtsgesetze" zu. Der „Civil Rights Act" von 1964 erklärte Diskriminierungen von Minderheiten im Arbeitsleben und in öffentlichen Einrichtungen für rechtswidrig.

Einigen Gruppen radikaler farbiger Amerikaner ging die Abschaffung der Diskriminierungen aber nicht schnell genug. Zu den militanten Bürgerrechtlern, die Martin Luther Kings gewaltlosen Kampf für die Gleichberechtigung durch einen „Kampf mit allen Mitteln" ersetzen wollten, gehörte die militante „Black-Power"-Bewegung der Partei der Black Panthers. Einer ihrer geistigen Väter war der schwarze Nationalist und Islam-Propagandist Malcolm X, der später Gewaltlosigkeit predigte. Bei einer Rede in New York wurde der 39-Jährige 1965 von einem Attentäter ermordet.

1965 und 1968 wurden weitere Bürgerrechtsgesetze verabschiedet, mit denen auch die noch verbliebenen Diskriminierungen von schwarzen Bürgern der Vereinigten Staaten für ungesetzlich erklärt wurden. Vor den Gesetzen des Landes, aber noch immer nicht in der Praxis, waren die Afroamerikaner, von denen die meisten direkte Nachfahren von Sklaven waren, jetzt völlig gleichberechtigt.

Im täglichen Leben, beispielsweise bei der Arbeits- und Wohnungssuche, erleben Angehörige von Minderheiten weiterhin Diskriminierungen. Im Oktober 2009 lehnte ein Richter in Lousiana die Ziviltrauung eines schwarz-weißen Paares ab.

Für seine Führungsrolle beim gewaltlosen Widerstand gegen die Rassengesetze wurde Martin Luther King im Dezember 1964 im Alter von 35 Jahren mit dem Friedensnobelpreis geehrt.

Die Menge jubelt Martin Luther King zu, als er seine berühmte I-have-a-dream-Rede hält.

Wie der im November 1963 ermordete John F. Kennedy erlebten auch der zwei Jahre zuvor getötete Malcolm X sowie Martin Luther King und Kennedy-Bruder Robert das Inkrafttreten aller Bürgerrechtsgesetze nicht. King wurde am 4. April 1968 in Memphis im US-Bundesstaat Tennessee ermordet. Robert Kennedy, der sich um die Präsidentschaftskandidatur der Demokratischen Partei bewarb, fiel zwei Monate später, am 5. Juni 1968 in Los Angeles, einem Mordanschlag zum Opfer.

Kings Traum von der zumindest gesetzlichen Gleichheit aller Rassen im Land war aber Wirklichkeit geworden. Doch der Kampf für diese Gleichheit hatte ungezählte Menschenleben gefordert.

Die Vereinigten Staaten wachsen

Die Eroberung des nordamerikanischen Kontinents

Wie kein zweites Land der Erde haben die Vereinigten Staaten von Amerika die Geschicke der Welt beeinflusst und auch maßgeblich bestimmt. Aber dieser Gang auf die Weltbühne geschah relativ spät.

Nach der Ankunft der ersten britischen Kolonialisten 1607 und der Gründung der ersten Siedlung in Jamestown im heutigen Bundesstaat Virginia hatten die sich noch nicht als „Amerikaner" bezeichnenden Ankömmlinge in der „Neuen Welt" genug mit sich selbst zu tun. Sie fingen in einem Land ohne etablierte Grenzen buchstäblich ein neues Leben an. Die Anfänge waren hart und auf der Suche nach besseren Lebensbedingungen drängten zahlreiche Siedler nach und nach in klimatisch günstigere und für die Land- und Viehwirtschaft besser geeignet erscheinende Gebiete vor: in den Süden der heutigen USA und vor allem in den unerforschten Westen.

Mit Schiffen wie diesem erreichten die ersten Siedler die „Neue Welt".

57

Dabei stießen die Kolonialisten auf zahlreiche Widerstände: So wehrten sich indianische Ureinwohner gegen den von ihnen als „Landraub" eingeschätzten Vormarsch. Im Süden und im Südwesten kam es zu Auseinandersetzungen mit spanischen und französischen Kolonialisten, die sich inzwischen dort niedergelassen hatten.

Den ersten Krieg führten die „Amerikaner", als sie noch Untertanen Ihrer britischen Majestät waren: 1760 klagten die Siedler über zu hohe Steuern, die ihnen von der „Heimatregierung" im fernen London auferlegt wurden. Nach Zahlungsverweigerungen und einem Teilboykott britischer Waren schickte der König 1775 so etwas wie eine Gruppe von Gerichtsvollziehern

Die sogenannte „Boston Tea Party": Als Indianer verkleidete Siedler warfen eine Schiffsladung Tee ins Wasser; Lithografie von Sarony & Major (1846).

über den Atlantik. Britische Soldaten sollten für „Ordnung"
sorgen. Die Siedler hatten jedoch eine etwas andere Vorstellung von Ordnung und sie wehrten sich.

Die Kämpfe zwischen britischen und „amerikanischen"
Truppen gingen als „Unabhängigkeitskrieg" in die US-Geschichte ein. Im zweiten Kriegsjahr erklärten die 13 Kolonien ihre Unabhängigkeit. Die Unterzeichnung der Unabhängigkeitserklärung am 4. Juli 1776 war die Geburtsstunde der Vereinigten Staaten.

Nach sechs Jahren Krieg gaben sich die britischen Truppen geschlagen und zogen ab. Viele Verbände wurden von der Lon-
doner Regierung in die benachbarte britische
Kolonie Kanada verlegt. Im Friedensvertrag
von Paris versprachen sich die Vertreter
Amerikas und Großbritanniens am
3. September 1783 „ewige Freundschaftsbande". Aber 29 Jahre später war es mit der Freundschaft schon
wieder vorbei. 1812 wollten Washingtoner Politiker die Briten endgültig vom ganzen nordamerikanischen Kontinent ver-
treiben. Nebenbei wollten sie auch die
rohstoffreiche britische Kolonie Kanada erobern.

George Washington, der erste Präsident der USA

Amerikanische Militärverbände rückten ein paarmal Richtung kanadische Grenze vor, aber sie kamen nicht weit. Angesichts der besser ausgerüsteten britischen Soldaten ergriffen sie jedes Mal die Flucht. Dies zur großen Erleichterung der Bewohner der britischen Kolonie Kanada, die partout nicht von den amerikanischen Nachbarn „befreit" werden wollten.

Außerdem besetzten britische Truppen für kurze Zeit die amerikanische Bundeshauptstadt Washington und brannten den Amtssitz des Präsidenten nieder. Die Machtzentrale wurde später wieder aufgebaut und weiß angestrichen. Seitdem heißt der Amtssitz offiziell „The White House" – das Weiße Haus.

Die Vereinigten Staaten von Amerika und Großbritannien schlossen 1814 in Gent wieder einen Friedensvertrag und erneuerten ihre „ewigen Freundschaftsbande". Die sollten diesmal halten, denn es hat keinen weiteren Krieg mehr zwischen beiden Ländern gegeben.

Es dauerte aber nicht lange, bis sich die Amerikaner nach einer neuen Eroberungsmöglichkeit umsahen. Während seiner Regentschaft von 1825 bis 1829 fiel das Auge von US-Präsident John Quincy Adams auf einen „Texas" genannten gigantischen Landflecken, der zum Nachbarland Mexiko gehörte. Adams bot der mexikanischen Regierung an, ihr das „nutzlose Gelände" für eine Million Dollar abzukaufen.

Die Mexikaner sagten „No, Señor", aber sie hatten nichts dagegen, dass sich mehrere Zehntausend US-Siedler mit ihren mehr als 2.000 Sklaven in Texas niederließen. Adams' Nachfolger Andrew Jackson unternahm einen zweiten Versuch für den Landkauf und bot fünf Millionen Dollar. Doch auch diesmal wollten die Mexikaner nicht verkaufen.

1835 verkündete der mexikanische Präsident eine neue Verfassung, die natürlich auch für das Gebiet von Texas galt. Die Verfassung verbot ausdrücklich die Sklaverei, was den amerikanischen Siedlern in Texas nicht schmeckte. US-Präsident Jackson schickte einen alten Vertrauten, Sam Houston, nach Texas, der die Siedler kräftig aufmischte. Kurze Zeit darauf erklärte sich das Gebiet von Texas für unabhängig.

Das wiederum passte den Mexikanern nicht. Die Mexikaner setzten ihre Armee in Marsch und nach mehreren Gefechten siegte die von Sam Houston angeführte Siedler-Armee. Texas erklärte sich zur „unabhängigen Republik" und erlaubte in sei-

Uncle Sam, die Symbolfigur der USA

ner Verfassung die Sklaverei. Die Vereinigten Staaten annektierten Texas und im Dezember 1845 wurde das Gebiet in den Verbund der Vereinigten Staaten aufgenommen. In der Zwischenzeit war James Polk amerikanischer Präsident geworden. Als eine seiner ersten Amtshandlungen schickte er den Washingtoner Diplomaten James Slidell mit einem „großzügigen" Angebot nach Mexiko City: „Liebe Freunde in Mexiko. Verkauft uns doch das Gebiet von Kalifornien für 25 Millionen Dollar." Die Mexikaner schickten den Polk-Vertrauten mit der Botschaft nach Hause: „Ihr Amerikaner habt uns gerade Texas geklaut. Wir denken gar nicht daran, mit euch Geschäfte zu machen."

Woraufhin Polk nur ein Jahr nach der Annektierung von Texas zu einem alten Trick der Weltgeschichte griff:

Er provozierte im April 1846 einen neuen Krieg gegen Mexiko. Die überraschte und schlecht ausgerüstete mexikanische Armee war schnell geschlagen und schon war Kalifornien „befreit".

Einmal beim glorreichen Siegen, beauftragte Präsident Polk die amerikanischen Armeeführer, das Staatsgebiet des mexikanischen Nachbarn weiter zu verkleinern. Denn zu Mexiko gehörten auch die großen Landstriche der späteren US-Staaten Arizona, Colorado, New Mexico, Nevada, Utah und Wyoming. Die von General Zachary Taylor geleiteten US-Truppen überrannten die mexikanischen Verbände und eroberten sogar die Hauptstadt Mexiko City. Die mexikanische Regierung kapitulierte im Vertrag von Guadelupe Hidalgo und die Vereinigten Staaten waren um 1,3 Millionen Quadratkilometer größer.

Präsident Polk wurde ein bisschen von schlechtem Gewissen über den Landraub geplagt und er ließ den Mexikanern 18,25 Millionen Dollar Entschädigung für den Raubzug zahlen. Der siegreiche General Taylor wurde im März 1849 von den dankbaren Amerikanern zum 12. Präsidenten der Vereinigten Staaten gewählt. Er starb nach nur 16 Monaten Amtszeit.

Die Eroberung des nordamerikanischen Kontinents wurde in der zweiten Hälfte des 19. Jahrhunderts mit der Besiedlung des bis zur Pazifikküste reichenden sogenannten Wilden Westens abgeschlossen.

Der Mythos des Wilden Westens spielt im Geschichtsverständnis der Amerikaner eine große Rolle. Der Wilde Westen symbolisiert für Amerikaner die Sehnsucht nach Freiheit und das Recht des Stärkeren. Aber auch die Vorstellung, dass Menschen, wenn sie nur wollen, buchstäblich alles erreichen können. Die daraus resultierende Pioniermentalität des „hilf dir selbst, dann hilft dir Gott" prägt auch heute noch das amerikanische Selbstverständnis.

In Wahrheit ist die Besiedlung des Wilden Westens durch Farmer, Viehzüchter und Goldsucher nie so harmonisch, romantisch und säuberlich in Gute und Böse zu trennen gewesen, wie es in Hollywood-Filmen mit Titeln wie *High Noon* und *Stagecoach* oder Fernsehserien wie *Bonanza, Rauchende Colts* oder *Unsere kleine Farm* vorgespielt wird. Die Eroberung des Wilden Westens war auch ein mörderischer Verdrängungs- und Ausrottungskrieg der Siedler gegen die indianischen Bewohner der westlichen Territorien. An vielen Massakern beteiligte sich auch die US-Armee. Im Dezember 1890 metzelten Soldaten bei der legendären Schlacht am Wounded Knee Creek in South Dakota mehrere Hundert Männer, Frauen und Kinder des Lakota-Stamms nieder. Der Weg zum neuen Leben der eingewanderten Abenteurer war mit viel Blut getränkt.

Die beiden letzten amerikanischen Eroberungskriege des 19. Jahrhunderts fanden nicht mehr auf dem Festland, sondern vor der Küste des jungen Landes statt: Der amerikanisch-spanische Krieg um Kuba dauerte vom 25. April bis zum 12. August 1898. Wie es genau dazu kam, ist unter Historikern umstritten. Auf jeden Fall klagten auf Kuba tätig gewesene und angeblich nach Florida vertriebene US-Bürger und Exilkubaner über den brutalen Umgang der spanischen Kolonialherren mit ihren Landsleuten auf der Zuckerrohrinsel. Daraufhin schickte Washington „zum Schutz der US-Bürger auf Kuba" ein Kriegsschiff in den Hafen von Havanna. Der eigentliche Grund war aber vermutlich, dass die US-Regierung die Spanier im „Vorgarten Amerikas" loswerden und selbst die Kontrolle über Kuba ausüben wollte.

Aus bis heute nicht geklärter Ursache flog das US-Kriegsschiff, die „USS Maine", in die Luft. Die Amerikaner vermuteten öffentlich einen „Akt der Aggression" der Spanier und schon ging der Krieg los. Vielleicht nicht ganz aus Zufall standen auf Kriegsschiffen vor den spanischen Kolonien Puerto Rico, den Philippinen und Guam ebenfalls amerikanische Soldaten bereit.

Die Spanier kapitulierten und schlossen mit den Vereinigten Staaten am 10. Dezember 1898 in Paris einen Friedensvertrag. Ob es den vom spanischen Kolonialjoch befreiten Ländern anschließend besser ging, darf bezweifelt werden. Die Amerikaner installierten in den jetzt angeblich souveränen und unabhängigen Staaten mit harter Hand regierende Militäradministrationen. Denen gehörten ausnahmslos US-freundliche Bewohner der „befreiten" Staaten an.

Auf den Philippinen kam es zu Revolten der Bevölkerung gegen die neuen Machthaber, die mithilfe amerikanischer Militäreinheiten blutig niedergeschlagen wurden.

Die Regierungsgewalt auf dem nominell selbstständigen Kuba übertrug die Washingtoner Regierung schließlich auch einem amerikanischen Staatsbürger, Tomas Estrada Palma. Der schloss 1903 einen Pachtvertrag mit Washington ab. Dieser räumte den Vereinigten Staaten für eine monatliche Miete von umgerechnet rund 250 Euro uneingeschränkte Hoheitsrechte über das kubanische Gebiet der Guantanamo Bay ein.

Hawaii und der Panamakanal
werden amerikanisch

Ziel der nächsten unfriedlichen Landnahme durch die Amerikaner waren im Jahr 1898 die Hawaii-Inseln. Die 4.000 Kilometer vor der amerikanischen Westküste gelegene Inselgruppe war seit dem 5. Jahrhundert von polynesischen Seefahrern bevölkert worden. Im März 1820 kamen die ersten Missionare aus Amerika, um die hawaiianischen „Heiden" zum Christentum zu bekehren. Die friedfertigen Inselbewohner sagten „Ja und Amen", worauf sich die frommen Missionare und ihre Nachfahren auf schnöden Gelderwerb konzentrierten.

Sie vertrieben die Ureinwohner von ihren Feldern, erklärten mehr als die Hälfte der gesamten Landmasse zu ihrem Privat-

besitz und bauten auf eigene Rechnung Zuckerrohr und Ananas an. Worauf Hawaiis Königin Lili'uokalini das Vorgehen als unchristlich einstufte und die Rückgabe von ein paar Ländereien verlangte.

Daraufhin griffen die vom Missionarssohn Sanford Dole angeführten Zucker-und-Ananas-Barone zu den Waffen und putschten. Vorher hatten sie in Washington nachgefragt, ob die Regierung nicht ein paar Kriegsschiffe nach Hawaii schicken könne, um ihrer

Lili'uokalini, Hawaiis letzte Königin

Forderung nach „Befreiung" Hawaiis Nachdruck zu verleihen. Präsident Grover Cleveland half gern. Denn nach seiner Ansicht hatten auch die Briten, die Franzosen und die Russen ein Auge auf Hawaii geworfen. Im Januar 1898 tauchte also das US-Kriegsschiff „USS Boston" vor der hawaiianischen Hauptstadt Honolulu auf, richtete seine Kanonen auf den Königspalast und mehrere Wohngebiete von Ureinwohnern. Worauf die Königin in schöner hawaiianischer Pazifistentradition flehte: „Lasst mein Volk leben. Ihr könnt alles haben. Ich trete ab." Sanford Dole machte sich selbst zum „Präsidenten der Republik von Hawaii", ließ die Königin verhaften und stellte sie bis zu ihrem Tod am 11. November 1917 in einer kleinen Kammer ihres Palastes unter Hausarrest. Am 12. August 1898 wurde Hawaii zum „Territorium der Vereinigten Staaten" erklärt und ist seit 1959 ein Bundesstaat der USA.

Zum Beginn des neuen Jahrhunderts erkannte US-Präsident Theodore Roosevelt dann ein kleines Problem: Immer mehr Waren mussten von der West- an die Ostküste Amerikas transportiert werden und der lange Seeweg um die Südspitze Südamerikas an Kap Hoorn vorbei war sehr lang. Die Politiker in Washington wollten den Weg verkürzen und dafür den von den Franzosen begonnenen Bau eines Kanals durch die kolumbianische Provinz Panama fertigstellen lassen. Ein entsprechender Vorschlag von US-Präsident Theodore Roosevelt, der dazu auch noch „auf ewig" eine US-Kontrolle des Kanalgebiets vorsah, wurde von der Regierung in der Hauptstadt Bogota brüsk abgelehnt.

Der Panamakanal

Roosevelt ermunterte daraufhin Großgrundbesitzer der Gegend, ihre Provinz für unabhängig zu erklären und einen eigenen Staat zu gründen. Das amerikanische Militär stehe Gewehr bei Fuß, versprach der Präsident und er schickte auch sofort ein paar Kriegsschiffe los. Am 3. November 1903 wurde der unabhängige Staat Panama aus der Taufe gehoben. Die kolumbianischen Regierungsvertreter schnaubten, trauten sich aber nicht, sich mit der Militärmacht USA anzulegen.

1914 war der 77 Kilometer lange Kanal zwischen Atlantik und Pazifik fertig. Die Kanalzone, zwei das Land Panama teilende breite Landstreifen entlang des Wasserweges, wurde von Washington zum amerikanischen Hoheitsgebiet erklärt. US-Präsident Jimmy Carter und sein Panama-Kollege Omar Torrijos unterzeichneten im September 1977 einen Vertrag über die Rückgabe der US-Hoheitsrechte in der Kanalzone. Der Vertrag trat zum 1. Januar 2000 in Kraft. Die Gebühren für die Benutzung des Kanals kassieren seitdem die Behörden von Panama und nicht mehr die Vereinigten Staaten.

Aufstieg zur Supermacht

Zum Beginn des 20. Jahrhunderts waren die Vereinigten Staaten von Europa aus gesehen eine ferne Regionalmacht, die sich um den Rest der Welt so wenig kümmerte wie der Rest der Welt um die USA. Es ging den Amerikanern gut, warum sollte sie da interessieren, was in der großen weiten Welt geschah? In den letzten drei Jahrzehnten des 19. Jahrhunderts hatte sich die Industrieproduktion des Landes vervierfacht. Das reichte voll und ganz zur guten Versorgung der Bürger mit allem Notwendigen. Exportiert wurde relativ wenig.

Auch die gesellschaftlichen Einflüsse der USA auf andere Länder waren sehr begrenzt. Der Rest der Welt sah wenig Grund, amerikanische Errungenschaften, kulturelle Entwicklungen, Moden oder massenhaft speziell „amerikanische" Konsumgüter zu übernehmen.

Das lag nicht zuletzt daran, dass der Rest der Welt so wenig von „Amerika" wusste. Das Land war weit weg, es gab kein Fernsehen und auch keinen Massentourismus in die USA. Nur eine kleine Gruppe von Superreichen konnte sich eine Schiffsreise nach „Übersee" leisten.

Eine dieser Schiffsreisen von Europa in die Vereinigten Staaten endete mit der damals folgenschwersten Schiffskatastrophe: Am 10. April 1912 lief die „RMS Titanic" im britischen Southampton zur Jungfernfahrt nach New York aus. An Bord befanden sich 2.223 Passagiere und Besatzungsmitglieder. In der 1. Klasse kostete die Reise nach heutigem Geldwert umgerechnet rund 60.000 Euro. Am 15. April stieß die „Titanic" mit einem Eisberg zusammen und ging unter. 1.517 Menschen fanden dabei den Tod.

Viele Auswanderer kehrten nie in ihrem Leben zu Besuchen in die alte Heimat zurück. Und warum sollten Europäer amerikanische Konsumgüter kaufen? Was Europäern begehrenswert erschien, wurde fast ausschließlich in Europa entwickelt und die meisten Erfindungen wurden ebenfalls in Europa gemacht.

Der Erste Weltkrieg

Selbst beim Ausbruch des Ersten Weltkrieges 1914 empfand sich die große Mehrheit der Amerikaner als neutral. Die Regierung in Washington betrieb bewusst eine isolationistische Politik, denn sie wollte die Vereinigten Staaten nicht in die „europäischen Scharmützel" hineingezogen haben.

Das hinderte die Regierung in Washington aber nicht daran, Großbritannien, das Herkunftsland vieler US-Bürger, mehr oder weniger heimlich mit großen Mengen von Kriegsgerät zu versorgen. Deutsche U-Boote versenkten reihenweise amerikanische Transportschiffe und als Antwort darauf traten die Vereinigten Staaten am 6. April 1917 in den Ersten Weltkrieg ein.

Mit der Unterzeichnung eines Waffenstillstandsabkommens am 11. November 1918 ging der Krieg faktisch zu Ende und die Vereinigten Staaten zogen sich wieder in die politische Isolation zurück. Amerikanische Außenpolitik wurde lediglich als „Verteidigung der Wirtschaftsinteressen unseres Landes" definiert. Die amerikanischen Wirtschaftsinteressen lagen hauptsächlich im benachbarten Kanada sowie im südlichen „amerikanischen Vorgarten": in den Ländern Mittel- und Südamerikas sowie in der Karibik.

Eine der gefürchtetsten Waffen im Ersten Weltkrieg war Giftgas.

Den Krieg von 1914 bis 1918 und den Krieg von 1939 bis 1945 jeweils als „Weltkrieg" zu bezeichnen, geht vermutlich auf den Sprachgebrauch des deutschen Schriftstellers August Wilhelm Niemann zurück. Niemann hatte den Begriff im Titel seines 1904 erschienenen antibritischen Romans *Der Weltkrieg: Deutsche Träume* benutzt. Als Weltkrieg wurde zuerst auch nur der Krieg von 1914 bis 1918 bezeichnet. Nach Ausbruch des Krieges von 1939 wurden die Weltkriege nummeriert. Hoffen wir, dass der Zweite Weltkrieg auch der letzte bleiben wird.

Wirtschaftlich blühten die Vereinigten Staaten auf und das Land wurde noch wesentlich reicher als schon zuvor. Riesenfortschritte machte auch die weitere Industrialisierung. Bald war die Hälfte aller auf der Welt produzierten Industriegüter „Made in U.S.A.". US-Firmen betrieben hauptsächlich mit Agrargütern einen schwunghaften Handel mit Ländern in aller Welt.

Ein erheblicher Teil der Wirtschaftsleistung wurde durch Kinderarbeit erbracht. Mehrere Millionen Kinder im Alter zwischen sechs und 14 Jahren übten, wie auch in vielen anderen Ländern, Vollzeitbeschäftigungen in Fabriken, in der Landwirtschaft sowie in Bergwerken aus. Die tägliche Arbeitszeit betrug oft 14 Stunden. Dafür erhielten die Kinderarbeiter jedoch nur einen Bruchteil des Lohnes erwachsener Arbeiter. Besonders häufig wurden Kinder bis zu zwölf Jahren wegen ihrer geringen Körpergröße unter Tage in

Kohlengruben und anderen Minenunternehmen eingesetzt. Der UNO-Kinderrechtskonvention zufolge ist Kinderarbeit seit Jahren verboten.

Als einzige Mitgliedsländer der Vereinten Nationen haben die Vereinigten Staaten und Somalia die Konvention aber nicht ratifiziert.

Nach Ermittlungen des Weltkinderhilfswerks der Vereinten Nationen (UNICEF) werden derzeit vor allem in Asien und Afrika dennoch weiterhin rund 190 Millionen Kinderarbeiter im Alter zwischen fünf und 14 Jahren beschäftigt.

Auch im Finanzwesen waren die Amerikaner nach dem Ersten Weltkrieg sehr erfolgreich und sie vergaben viele Kredite ins Ausland. Es waren die „Goldenen Jahre" Amerikas. Aber weltpolitisch mächtig waren die USA nicht und sie wollten es auch nicht sein.

Amerikanische Konzerne investierten unter anderem in Europa. Der Automobilkonzern General Motors übernahm beispielsweise 1929 rund 80 Prozent der Aktien der deutschen Autofirma Opel und zwei Jahre später den Rest. Im Jahr 2009 musste General Motors Insolvenz anmelden und sich teilweise von seinen Zweigfirmen in Europa trennen.

In den 1930er-Jahren musste die Welt dann schmerzlich erfahren, dass Ereignisse in den Vereinigten Staaten weltweite Folgen haben. Der amerikanische Bankencrash führte im Land zu einem Teilzusammenbruch der US-Wirtschaft. Der Rest der

Nach dem Börsencrash: Drei Arbeitslose schichten Holz für ein Feuer auf.

Welt war sofort von US-Krediten abgeschnitten und US-Politiker reagierten auf den wirtschaftlichen Niedergang im eigenen Land mit rigorosen Einfuhrbeschränkungen (unter anderem durch Sonderzölle).

Das lähmte die Wirtschaft europäischer Exportnationen und weitete sich schnell zu einer Weltwirtschaftskrise mit Massenarbeitslosigkeit und Elend in vielen Staaten der Welt aus. Die Vereinigten Staaten waren damit zu einer „passiven Weltmacht" oder auch zu einer „Weltmacht wider Willen" geworden. Diese Entwicklung wiederholte sich ab Herbst 2008 mit einer erneuten Schieflage des US-Finanzsystems. Diesmal verzichteten die Vereinigten Staaten jedoch auf ein „Dichtmachen" der Grenzen und die Folgen der Krise waren nicht so gravierend wie fast 80 Jahre zuvor.

Der Zweite Weltkrieg

Es dauerte mehrere Jahre, bis auch die Amerikaner die Weltwirtschaftskrise der 1930er-Jahre überwanden. In dieser Zeit wollten Amerikaner mit den politischen Querelen und Schwierigkeiten beispielsweise in Europa herzlich wenig zu tun haben und sie betrieben weiterhin eine offizielle Politik der Nichteinmischung.

Das wurde sogar gesetzlich abgesichert: Die Machtergreifung der Nationalsozialisten in Deutschland im Jahr 1933 beunruhigte auch die US-Nation; und starke politische Kräfte in den Vereinigten Staaten befürchteten, dass ihr Land in eine mögliche militärische Konfrontation hineingezogen werden könnte. Das Parlament in Washington schrieb deshalb eilig die politische Isolierung der Vereinigten Staaten per Gesetz fest. Zwischen 1935 und 1937 wurden gleich drei Neutralitätsgesetze verabschiedet.

Gerade Frauen und Kinder hatten unter der Wirtschaftskrise zu leiden.

Als dann im September 1939 in Europa der Zweite Weltkrieg ausbrach, wollten die USA wie schon beim Ersten Weltkrieg mit dem Krieg „weit hinten in Europa" offiziell nichts zu tun haben. Aber tatsächlich unterstützten die USA die vom nationalsozialistischen Deutschland mit Krieg überzogenen Länder Europas mit großzügigen Waffenlieferungen. Die Hauptabnehmer waren Großbritannien und die Sowjetunion.

Eine große Mehrheit von US-Bürgern verlangte jedoch von Washington, dass sich ihr Land nicht aktiv am Krieg beteiligen und auch nicht Kriegspartei werden dürfe. Die amerikanische Neutralität dauerte bis zum japanischen Überfall auf den US-Marinestützpunkt Pearl Harbor auf Hawaii am 7. Dezember 1941. Als Reaktion auf den Angriff erklärten die USA Japan den Krieg, worauf das mit Japan verbündete Deutschland mit einer Kriegserklärung an die Adresse Washingtons reagierte.

Nagasaki nach dem Abwurf der Atombombe

Die gewaltigen Kriegsanstrengungen der USA machten das Land zu einer wirtschaftlichen Supermacht. In Rekordzeit wurden so viele Güter und Dienstleistungen produziert und erwirtschaftet wie in keinem anderen Land der Erde. Auch wegen des schier unerschöpflich scheinenden Materialnachschubs aus den USA auf die Kriegsschauplätze in Europa endete der Krieg 1945: im Mai mit einer Kapitulation des deutschen NS-Regimes und im August mit der Kapitulation des japanischen Kaiserreiches.

Die Zahl der Toten des Zweiten Weltkrieges wird auf mehr als 50 Millionen geschätzt – unter ihnen 416.000 US-Soldaten. Aber mit Ausnahme des japanischen Überfalls auf den US-Stützpunkt Pearl Harbor auf Hawaii waren dem Land Kriegsschrecken und kriegerische Verwüstungen wie in Europa und Asien erspart geblieben. Viele Länder in Europa waren zu Trümmerlandschaften gebombt worden. Auch Japan, in dem die Städte Hiroshima und Nagasaki am 6. und 9. August 1945 durch amerikanische Atombomben dem Erdboden gleichgemacht und atomar verseucht wurden, war weitgehend zerstört. Im atomaren Feuersturm der beiden Städte hatten sofort 220.000 Menschen den Tod gefunden. Als Spätfolgen der radioaktiven Verseuchung werden auch mehr als ein halbes Jahrhundert später noch Kinder mit schweren Missbildungen geboren. Zigmillionen Menschen in Europa und in Asien waren bei Kriegsende obdachlos oder auf der Flucht.

Die USA im Kalten Krieg

Nach dem Ende des Zweiten Weltkrieges begann dann ein weltpolitisch bedeutsamer sogenannter Kalter Krieg. Denn das zur Kriegsführung gegen Nazideutschland und das imperiale Japan gegründete Zweckbündnis der Vereinigten Staaten, der Sowjetunion, Großbritannien und Frankreich zerstritt sich nach Kriegsende sehr schnell.

Als sich wenige Monate vor Kriegsende die Chefs der alliierten Staaten vom 4. bis 11. Februar 1945 in Jalta auf der russischen Krim-Halbinsel trafen, schien alles noch in schönster Ordnung.

Das Treffen der „Großen Drei" auf Jalta: Winston Churchill, Franklin D. Roosevelt und Josef Stalin

Die baldigen Siegermächte verabredeten, das besiegte Deutschland in vier Besatzungszonen aufzuteilen. Ansonsten sollte das Land, so gut es eben ging, gemeinsam verwaltet werden. In den von deutschen Truppen überrollten und von den Alliierten schließlich befreiten Ländern sollten freie und demokratische Wahlen abgehalten werden.

Schon wenige Monate nach Kriegsende erfuhren die westlichen Mächte, dass die kommunistischen Sowjets gar nicht daran dachten, freie Wahlen zuzulassen. Am 5. September 1945 hatte der bei der Sowjetbotschaft im kanadischen Ottawa beschäftigte Diplomat Igor Gusenko geheime sowjetische Regierungspapiere zusammengerafft und bei den kanadischen Behörden um Asyl gebeten. Was auch sofort genehmigt wurde. In den Papieren des Überläufers war genau beschrieben, wie und wo die Regierung in Moskau im ganzen Ostblock Wahlen fälschen und moskautreue Regime installieren wollte.

Den Anfang machte vier Monate später in Albanien Kommunistenchef Enver Hoxha, der ein mörderisches Diktatorenregime etablierte.

Der „Eiserne Vorhang" geht nieder

Am 5. März 1946 warnte der britische Premierminister Winston Churchill, dass sich in Europa ein „Eiserner Vorhang" senken würde: mit freien Staaten im Westen und kommunistischen Diktaturen im Osten. Die westlichen Siegermächte (USA, Großbritannien und Frankreich) stritten sich auch bald mit der

Sowjetunion darüber, wie das besetzte Deutschland regiert werden sollte.

Die westlichen Siegermächte regten 1948 an, ihre Besatzungszonen zu einem neuen westdeutschen Staat zusammenzufügen, der „Bundesrepublik Deutschland" genannt werden sollte. Im selben Jahr führten sie in ihren ehemaligen Besatzungszonen eine neue Währung ein, die „Deutsche Mark" genannt wurde. Die Verabschiedung des sogenannten Grundgesetzes im Jahr 1949 gilt vielfach als die eigentliche Geburtsstunde der „Bundesrepublik".

Die Sowjetunion reagierte darauf, indem sie ihre Besatzungszone ebenfalls zu einem Staat machte, die „Deutsche Demokratische Republik" (DDR). Die neue Währung des zweiten deutschen Staates hieß „Mark der DDR".

Seitdem bestanden zwei Machtblöcke: der westlich orientierte unter der Führung der Vereinigten Staaten und der von der Sowjetunion dominierte östliche. In beiden Blöcken wurden jeweils Militärbündnisse geschlossen: im Westen die „Nordatlantische Verteidigungsgemeinschaft" (NATO) und im Osten der „Warschauer Pakt". Das „Herrschaftsgebiet" der beiden Blöcke umfasste anfangs etwa das Stationierungsgebiet der alliierten Truppen auf westlicher Seite und das Stationierungsgebiet der sowjetischen Truppen auf der östlichen Seite.

Offiziell verfolgten die beiden Blöcke eine Politik der Respektierung der jeweiligen Einflussgebiete. Aber tatsächlich entbrannte schnell ein Machtkampf. Beide Seiten versuchten, mit der „Gegenseite" verbundene oder mit ihr sympathisierende

Länder ins eigene Lager zu ziehen. Das geschah mit wirtschaftlichen Lockungen und Unterstützungen und meist auch mit massiver Propaganda.

Der amerikanische Senator Joseph McCarthy schürte in den Vereinigten Staaten eine Kommunistenfurcht. Er beschuldigte Hunderte von US-Bürgern, als Kommunisten amerikanische Institutionen unterwandert zu haben und einen Umsturz zu planen. Mit dubiosen Erkenntnissen zerrte McCarthy missliebige Mitbürger vor den „Ausschuss gegen unamerikanische Umtriebe" im Parlament, um sie zu entlarven. Bei den in aller Regel völlig zu Unrecht Beschuldigten handelte es sich meist um Staatsdiener, Gewerkschafter, Journalisten, Autoren, Lehrer, Filmschaffende und Beschäftigte in „sicherheitsrelevanten Bereichen".

Die angeblichen Feinde der USA erhielten Berufsverbote, verloren ihre Arbeitsplätze und kamen auf „Schwarze Listen". Mehr als 70 Verdächtige wurden des Landes verwiesen und mehr als zwei Dutzend zu Gefängnisstrafen verurteilt. Nachdem McCarthy und seine Helfer überführt worden waren, Schuldbeweise gefälscht zu haben, wurden die angeblichen Kommunisten und kommunistischen Sympathisanten gerichtlich rehabilitiert und die Urteile aufgehoben.

Wettrüsten und Stellvertreterkriege

Gleichzeitig betrieben die beiden Blöcke ein sehr kostspieliges Wettrüsten, das bei mehreren Gelegenheiten bis an den Rand

Frauen und Kinder durchsuchen die Trümmer der weitgehend zerstörten südkoreanischen Stadt Seoul.

eines „heißen" dritten Weltkrieges führte: so beispielsweise bei der sowjetischen Blockade von Westberlin, während des Korea-Krieges 1950 und in der Kuba-Krise von 1962.

Das von China unterstützte Nordkorea hatte am 25. Juni 1950 einen Angriff auf das von den USA unterstützte Südkorea gestartet. Der Krieg endete am 27. Juli 1953 ohne Landgewinne beider Seiten mit einem Waffenstillstandsvertrag.

Dasselbe „Kriegsmuster" wiederholte sich 1963 in Vietnam. Das kommunistisch regierte Nordvietnam startete eine Invasion in das von den Vereinigten Staaten unterstützte Südvietnam. Washington entsandte schließlich mehr als eine halbe Million US-Soldaten. Der Krieg endete 1973 mit einer in Paris abgeschlossenen Waffenstillstandsvereinbarung und einem faktischen Sieg Nordvietnams. Das „wiedervereinigte Land" wird seitdem von den kommunistischen Machthabern aus dem Norden regiert. Im Krieg wurden mehr als 50.000 US-Soldaten getötet. Die Zahl der getöteten Vietnamesen, Kambodschaner und Laoten wird auf mehrere Millionen geschätzt.

Mit einer Invasion im Dezember 1979 in Afghanistan unternahm die sowjetische Führung den Versuch, das Land dem sowjetischen Einflussbereich einzuverleiben. Dem widersetzten sich radikalislamische Mudschaheddin-Gruppen und wurden bei der Bekämpfung der „kommunistischen Eindringlinge" massiv von der amerikanischen Seite unterstützt: mit Waffenlieferungen und amerikanischen „Militärberatern". Nach mehreren Jahren verlustreicher Kämpfe zog sich die sowjetische Armee schließlich zurück.

Mit den von den US-Militärs und dem US-Geheimdienst CIA gelieferten Waffen sicherten die Mudschaheddin anschließend die Schreckensherrschaft der Taliban. Die wiederum boten der vom saudischen Staatsbürger Osama bin Laden geleiteten Terrororganisation al-Qaida Unterschlupf. Die Terroristen der al-Qaida werden für die Terroranschläge des 11. September 2001 auf amerikanischem Boden verantwortlich gemacht. Nachdem die Taliban die ultimative Aufforderung Washingtons missachteten, bin Laden nicht länger Asyl zu gewähren, begann am 7. Oktober desselben Jahres unter

Leitung der Vereinigten Staaten und unterstützt von vielen Ländern der Erde der Krieg gegen Afghanistan. Auch nach acht Jahren Krieg war das Ziel der Errichtung einer stabilen demokratischen Regierung in Afghanistan noch nicht erreicht.

Noch immer geheimnisumwittert ist die am 25. Oktober 1983 begonnene US-Invasion auf der karibischen Mini-Insel Grenada. US-Truppen besetzten das von einer linksgerichteten Militärjunta und von Kuba unterstützte Inselchen angeblich zur Wiederherstellung der öffentlichen Ordnung und zum Schutz amerikanischer Studenten an der dortigen medizinischen Hochschule. Im nach sieben Wochen beendeten Mini-Krieg wurden 112 Menschen, darunter 24 unbeteiligte Zivilisten, getötet.

Am 20. Dezember 1989 starteten die Vereinigten Staaten mit 58.000 Soldaten eine Invasion im mittelamerikanischen Panama. Ziel des am 21. Januar 1990 beendeten „6-Wochen-Krieges" war die Amtsenthebung des auf der Lohnliste des US-Geheimdienstes CIA stehenden De-facto-Regierungschefs Manuel Noriega. Washington warf dem Diktator „Übergriffe auf die Gemeinde der 35.000 in Panama lebenden US-Bürger" und eine Zusammenarbeit mit Drogenbanden vor. Im Verlauf des Krieges kamen etwa 1.000 Soldaten und Zivilisten ums Leben. Noriega wurde gefangen genommen und 1992 im amerikanischen Miami von einem Schwurgericht wegen Drogenverbrechen zu einer langjährigen Zuchthausstrafe verurteilt. 2008 hatte er seine Strafe verbüßt, aber Mitte 2009 befand er sich als „Kriegsgefangener" noch in amerikanischer Haft. Die französische Regierung, die ihn wegen Geldwäsche vor Gericht stellen will, hat seine Auslieferung verlangt.

Bei sogenannten „Stellvertreter-Kriegen" in Afrika sowie in Mittel- und Südamerika unterstützten beide Blöcke rivalisierende Bürgerkriegsfraktionen mit Waffen und anderen militärisch nutzbaren Hilfen. Die aktive Beteiligung der Vereinigten Staaten und der Sowjetunion beschränkte sich in der Regel auf die Entsendung von Militärberatern und Spezialisten der eigenen Geheimdienste. Wie beispielsweise im mittelamerikanischen Nicaragua waren Angehörige dieser Organisationen an zahlreichen Mordaktionen beteiligt. Beide Seiten begründeten ihre Parteinahmen damit, dass sie „Befreiungsaktionen" unterstützten.

Bei alledem unternahmen die Vereinigten Staaten und die Sowjetunion große Anstrengungen zur Verhinderung eines offenen Krieges. Weil sowohl Washington als auch Moskau über Nuklearwaffen verfügten, war den Regierenden der Supermächte klar: Ein „heißer" Krieg zwischen dem Westen und dem Osten würde mit großer Wahrscheinlichkeit die Zerstörung der Erde und das Ende der Menschheit bedeuten.

Denn jede Seite hätte zur Verhinderung einer Kriegsniederlage früher oder später seine Atomwaffen eingesetzt, worauf die andere Seite mit einem atomaren Gegenschlag geantwortet hätte. Bei einem solchen Schlagabtausch wären vermutlich alle Menschen dieser Erde getötet worden.

Schließlich hatten der Osten und der Westen beim Wettrüsten so viele Waffen angehäuft, dass jede Seite den Erdball ein paar hundert Mal hintereinander in die Luft hätte jagen können. Diese wahnwitzige Möglichkeit nannten die Experten den „Overkill". Das „Überangebot" an Waffen, die mit großem Aufwand einsatzfähig gehalten und ständig modernisiert werden mussten, verschlang Unsummen. Diese Erkenntnis führte zu Abrüstungsverhandlungen zwischen den beiden Blöcken. Das unausgesprochene Ziel war, am Ende „nur" noch so viele Waffen zu haben, um die Welt ein einziges Mal in die Luft jagen zu können. Bei den 1969 begonnenen Verhandlungen und dem Abschluss der sogenannten SALT-Verträge und des ABM-Vertrages zur Kontrolle und zahlenmäßigen Begrenzung der Atomwaffen trauten sich die Regierungen der beiden Blöcke natürlich nicht über den Weg. Das Verschrotten „überzähliger" Waffen vollzog sich deshalb stets in kleinen Schritten. So nach dem Motto „Ich verschrotte 100 Raketen, wenn du gleichzeitig ebenfalls 100 Raketen unbrauchbar machst."

Nach Meinung vieler Experten ist ein Ziel der einen ganz großen Krieg verhindernden Abrüstungspolitik inzwischen erreicht: Die Waffenarsenale im Osten und im Westen sind drastisch verkleinert worden, aber sie sind immer noch in der Lage, einen Kriegsgegner zu vernichten. Doch das jeweils angegriffene Lager kann vor dem Untergang noch schnell den Angreifer vernichten.
Diese Einsicht in das „Gleichgewicht des Schreckens",
sagen die Experten, ist die beste Versicherung gegen einen

ganz großen Krieg. Noch viel vernünftiger und unendlich viel billiger wäre es natürlich, wenn beide Seiten die Abschaffung aller Angriffswaffen vereinbaren würden. Aber beim Aushandeln von wirklich vernünftigen Lösungen haben Menschen bekanntlich oft Schwierigkeiten. Und Politiker sind ja auch nur Menschen.

In einer Rede im April 2009 in Prag forderte US-Präsident Obama die Nuklearmächte der Welt erneut auf, Verhandlungen über einen vollständigen Verzicht auf Nuklearwaffen aufzunehmen. Schon 1986 hatte der ein Jahr zuvor ins Amt gekommene Sowjetpräsident Michail Gorbatschow überraschend einen Plan zur Abschaffung aller Atomwaffen vorgelegt. Bald aufgenommene entsprechende Verhandlungen darüber waren jedoch gescheitert: Unter Führung von Präsident Ronald Reagan weigerten sich die USA, auf den geplanten Aufbau eines Raketenabwehrschirms gegen Interkontinentalwaffen im Weltraum, dem sogenannten SDI-Programm, zu verzichten.

Hätte Präsident Reagan schon damals gewusst, dass den US-Waffentechnikern auch mehr als zwei Jahrzehnte später die Entwicklung eines solchen Waffensystems nicht gelingen würde, wäre die Geschichte der weltweiten Abrüstung vielleicht anders verlaufen. Immerhin einigten sich die beiden Supermächte 1987 auf eine Verschrottung ihrer in Europa aufgestellten Mittelstreckenraketen und weitere kleinere Abrüstungsvorhaben.

Das Ende des Kalten Krieges

Jahrzehntelang glaubten die Menschen auf der Erde, dass dieses gegenseitigen Belauern mit der ständigen Gefahr eines „heißen" Krieges wohl ewig dauern würde. Als dann im März 1985 Gorbatschow neuer Chef der Sowjetunion geworden war, konnte noch niemand ahnen, dass er das Ende des „Kalten Krieges" einleiten würde.

Gorbatschow erkannte, dass die im östlichen Bündnis praktizierte Planwirtschaft eine katastrophale Wirtschaftslage ausgelöst hatte und sich die Sowjetunion selbst verringerte Rüstungsausgaben nicht mehr lange würde leisten können. Der

Annäherung zwischen Ost und West: Michail Gorbatschow und Ronald Reagan im Gespräch, Genf 19.11.1985

neue Chef im Kreml startete deshalb eine Politik der Offenheit und Demokratisierung („Glasnost") sowie der Liberalisierung von Wirtschaft und Verwaltung („Perestroika").

Gorbatschows Demokratisierungsschritte in der Sowjetunion lösten auch in zahlreichen von Moskau kontrollierten Ostblockstaaten den Ruf nach mehr Demokratie und persönlicher Freiheit aus. Im polnischen Gdansk (Danzig) streikten im April 1988 die Werftarbeiter, die schon 1980 die anfänglich verbotene „Freie Gewerkschaft Solidarnosc" (Freie Gewerkschaft Solidarität) gegründet hatten. Eine schließlich große Landesteile erfassende Protestbewegung führte zur Etablierung demokratischer Parteien und im Juni 1989 zum Sturz der kommunistischen Regierung.

Im selben Jahr musste auch in Ungarn die bisherige kommunistische Regierung ihre Macht an eine neue demokratische Regierung abgeben. Im selben Monat (Juni 1989) legte der neue ungarische Außenminister Gyula Horn zusammen mit seinem österreichischen Amtskollegen Alois Mock beim Niederreißen des Grenzzauns zum westlichen Österreich selbst mit Hand an. Mit diesem symbolischen Akt war der „Eiserne Vorhang", der jahrzehntelang zwei konkurrierende weltpolitische Blöcke getrennt hatte, endlich gefallen. Und der „Kalte Krieg" war Vergangenheit.

Im östlichen Teil Deutschlands musste die von der Sowjetunion gestützte Regierung der DDR nach zahlreichen Protesten dem Verlangen der Bevölkerung nach Demokratisierung nachgeben. Das Regime öffnete am 9. November 1989 die Berliner

Sichtbare Zeichen der Überwindung der deutschen Teilung: der Fall der Berliner Mauer 1989

Mauer und trat zurück. 1990 erfolgte die Zusammenführung der bislang getrennten beiden deutschen Staaten.

Auch in anderen Satellitenstaaten der Sowjetunion war die Demokratisierung nicht aufzuhalten. Im Dezember 1989 stürzten die kommunistischen Regierungen in der Tschechoslowakei und in Rumänien. Ende des Jahres 1991 zerfiel die Sowjetunion. Die beim Ende des Zweiten Weltkrieges dem sowjetischen Hoheitsgebiet einverleibten baltischen Staaten (Litauen,

Lettland und Estland) erlangten wieder ihre staatliche Selbstständigkeit. Auch etliche bislang zum sowjetischen Reich gehörende Teilstaaten wie die Ukraine, Georgien und Weißrussland wurden wieder selbstständig und veranstalteten demokratische Wahlen. Als mächtigster Staat blieb Russland übrig und der Reformer Gorbatschow trat zurück. Auch dieser von Moskau regierte Staat leitete zaghaft eine Liberalisierung seiner Planwirtschaft und eine Demokratisierung seiner Gesellschaftsform ein.

Das war das Ende der Supermacht Sowjetunion. Russland war und ist dank seiner Größe, seiner Wirtschaftskraft und auch wegen seines Militärpotentials immerhin noch eine Großmacht. Die einzige Supermacht der Welt sind von diesem Zeitpunkt an jedoch die Vereinigten Staaten von Amerika.

Das deutsch-amerikanische Verhältnis nach dem Zweiten Weltkrieg

Die moralische Supermacht USA

Schon seit dem Ende des Zweiten Weltkrieges waren die USA nachweislich nicht nur eine wirtschaftliche, sondern auch militärische und politische Supermacht. Dass die Siegermacht auch eine moralisch handelnde Supermacht war, sollte sich sehr schnell zeigen.

Von den meisten Menschen im weitgehend zerstörten Deutschland wurde das Kriegsende nicht als Niederlage, sondern als Befreiung von einem Unrechtsregime empfunden. „Die Amerikaner" in der Gestalt von US-Soldaten erschienen diesen Deutschen als bewundernswerte Befreier. Denn sie hatten alles, was die Deutschen entbehren mussten: Nahrungsmittel in Hülle und Fülle, Kaffee, Zigaretten und sogar „Nylonstrümpfe". Fassungslos machten „die Deutschen" Bekanntschaft mit der amerikanischen Lässigkeit der „GIs".

Mit „GI" werden allgemein US-Soldaten aller Ränge bezeichnet. Amerikaner haben eine Vorliebe für Abkürzungen und deshalb werden sie auch von vielen Nichtamerikanern für „sprech-, sprach- und schreibfaul" gehalten.

„GI" ist eine Abkürzung für „Government Issue". Übersetzt bedeutet das „Regierungsausgabe" oder „Regierungseigentum". „GI" war in alle Ausrüstungsgegenstände der US-Soldaten eingestempelt oder eingenäht.

Die GIs, von denen etliche die Konzentrationslager der Nationalsozialisten befreit und dort die Folgen unvorstellbarer Verbrechen eines Unrechtsregimes gesehen hatten, traten in aller Regel auch nicht wie Sieger auf. Das von der US-Militärführung erlassene Fraternisierungsverbot, mit dem private Kontakte der GIs mit deutschen Zivilisten und besonders mit deutschen „Frauleins" untersagt waren, wurde sehr schnell aufgehoben. Auch deshalb, weil sich die Soldaten herzlich wenig um das Verbot scherten.

Die Fraternisierung führte zu zahlreichen amerikanisch-deutschen Eheschließungen. Die Armeeführung setzte schließlich Truppentransporter ein, mit denen die sogenannten Kriegsbräute („War Brides") oft mit schon gemeinsamen Kindern in ihre neue Heimat USA gebracht wurden.

Das Elend der deutschen Zivilbevölkerung löste in den Vereinigten Staaten und auch im Nachbarland Kanada eine Welle der Hilfsbereitschaft aus. Die private Hilfsorganisation CARE (Cooperative for American Remittances to Europe) begann nur wenige Monate nach Kriegsende mit dem Zusammenstellen und Verschiffen von Nahrungsmittelpaketen an die Not leidende Bevölkerung. Die Hilfsaktion für Deutschland endete erst 1960, rund 15 Jahre nach Kriegsende.

I **Heinz Lietz aus Berlin war der Empfänger des ersten CARE-Pakets.**

Weil das zerstörte Deutschland genauso wie die übrigen unter großen Kriegsschäden leidenden europäischen Nachbarländer den wirtschaftlichen Wiederaufbau nicht aus eigener Kraft leisten konnten, entwickelte die US-Regierung den „Marshallplan". Mit dem Marshallplan pumpten die Amerikaner zwischen 1948 und 1951 insgesamt 13 Milliarden Dollar an Hilfsgeldern nach Europa. Der von den drei westlichen Siegermächten besetzte westliche Teil Deutschlands erhielt davon rund 1,5 Milliarden. Diese Gelder machten den wirtschaftlichen Wiederaufstieg Westdeutschlands und das „deutsche Wirtschaftswunder" möglich.

Ausgenommen von dieser Hilfe war der von sowjetischen Truppen besetzte Ostteil Deutschlands, die spätere Deutsche Demokratische Republik. Während Washington in Westdeutschland Aufbauhilfe leistete, wurden der ostdeutschen Wirtschaft von den Sowjets weiterhin Reparationsleistungen unter anderem mit der Demontage kompletter Fabriken abverlangt.

Die amerikanische Hilfe war natürlich nicht nur selbstlos. Der begonnene „Kalte Krieg", die politisch-ideologische Auseinandersetzung zwischen Ost und West, zwischen der kommunistischen und der demokratisch regierten sogenannten „freien Welt" beschleunigte die Aussöhnung zwischen alten Kriegsgegnern. Westdeutschland an der Nahtstelle zwischen Ost und West wurde zum treuen Verbündeten der Vereinigten Staaten.

Als die sowjetische Militärmacht im Juni 1948 die Straßen- und Wasserwege zum Westteil Berlins sperrte, um den Abzug der amerikanischen, britischen und französischen Besatzungstruppen aus Westberlin zu erzwingen, startete unter amerikanischer Leitung eine bislang beispiellose Rettungsaktion: Amerikanische und britische Militärflugzeuge versorgten rund ein Jahr lang, bis zur Aufhebung der Blockade durch die Sowjets, die gesamte Bevölkerung Westberlins aus der Luft.

Alles, was die rund zwei Millionen Westberliner zum Leben benötigten, wurde mit einer schier endlosen Flugzeugkette in die belagerte Stadt geflogen: Bei fast 280.000 Starts und Landungen der von den Berlinern optimistisch „Rosinenbomber" genannten Flugzeuge wurden insgesamt mehr als 2,3 Millionen Tonnen Hilfsgüter nach Berlin geschafft. Bei Flugzeugab-

Berliner Kinder erwarten sehnsüchtig die Landung eines „Rosinenbombers".

stürzen und anderen Unfällen bei der „Operation Vittles" (Operation Proviant) kamen 39 britische und 31 amerikanische Soldaten sowie 13 deutsche Zivilisten ums Leben.

Die Geschichte von „Onkel Wackelflügel"

Der 27-jährige amerikanische Luftwaffenpilot Gail Halvorsen startete in der Luftbrückenzeit eine private Hilfsaktion: Er und seine Kameraden bastelten aus requirierten Armeetaschentüchern kleine Fallschirme, an die sie allerlei Süßigkeiten hängten. Bei jedem Anflug auf den Flughafen Berlin-Tempelhof wackelten sie als Erkennungszeichen mit den Tragflächen ihrer Maschinen und warfen die Geschenke für ungeduldig wartende Berliner Kinder aus den Cockpitfenstern ihrer Flugzeuge. Der bald „Onkel Wackelflügel" genannte Halvorsen und seine Freunde ließen insgesamt 23 Tonnen Süßigkeiten an mehr als 200.000 kleinen Fallschirmen auf die Erde segeln.

Die „Amerikanisierung" beginnt

Der Umgang der Amerikaner mit den Deutschen, dem ehemaligen Feind, leitete eine beispiellose „Amerikanisierung" eines großen Teils der deutschen Bevölkerung und auch in vielen Ländern der übrigen Welt ein. Bei „den Deutschen" entstand schnell eine emotionale Bindung zu „den Amerikanern". Zu jenen Amerikanern immerhin, die zusammen mit anderen Kriegsgegnern Deutschlands nur wenige Jahre zuvor deutsche Städte mit Flächenbombardierungen in Schutt und Asche gelegt hatten. Aber das wurde, trotz der Trauer über die eigenen Kriegstoten, überlagert von einer tief empfundenen Dankbarkeit dem ehemaligen Gegner gegenüber. Einem Gegner, der maßgeblichen Anteil an der Befreiung der deutschen Nation von einem mörderischen Unrechtsregime hatte, der keine Rache ausübte, sondern der im Gegenteil eine hilfreiche Hand ausstreckte.
Dass eine unübersehbare „Amerikanisierung" zuerst nur in einem Teil Deutschlands begann, war eine Folge der deutschen Teilung unmittelbar bei Kriegsende. Denn das „Deutsche Reich" in den Grenzen bei Kriegsbeginn im September 1939 bestand

bei Kriegsende im Mai 1945 ja nicht mehr. Aufgrund des Potsdamer Abkommens im August 1945 der vier Siegermächte wurden große Teile Deutschlands östlich der Oder-Neiße-Linie polnisches Staatsgebiet.

Begegnungen mit Amerikanern in Form von US-Soldaten hatten zuerst nur die Menschen in der amerikanischen Besatzungszone in Süddeutschland sowie Gebieten an der norddeutschen Küste, über deren Häfen die US-Streitkräfte ihren Nachschub abwickelten. Die reisefreudigen US-Soldaten gehörten aber schon sehr bald zum Stadtbild in allen drei westlichen Besatzungszonen sowie im Westen Berlins.

In der sowjetischen Besatzungszone sorgten die Sowjets unter anderem mit massiver anti-amerikanischer Propaganda, der Gründung von Vereinen zur Pflege der „deutsch-sowjetischen Freundschaft" und der Einführung des russischen Sprachunterrichts an Schulen dafür, dass nicht zu viel Zuneigung zur amerikanischen Lebensart entstand. All diese Bemühungen waren aber nicht komplett erfolgreich. Viele Bewohner der ehemaligen deutschen Ostgebiete und der sowjetischen Besatzungszone flüchteten oft unter Lebensgefahr in den immer stärker amerikanisch geprägten Westen Deutschlands.

Das in den ersten Nachkriegsjahren von US-Soldaten und der amerikanischen Militärregierung geprägte Amerikabild der Deutschen war aus vielen und aus sehr nahe liegenden Gründen überwiegend positiv. Die Amerikaner verkörperten schließlich die als vorbildhaft eingestuften Werte ihres Herkunftslandes: individuelle Freiheiten, wenig staatliche Reglementierung, ungebremsten Fortschrittsglauben und scheinbar unermesslichen Wohlstand. Das „Land der unbegrenzten Möglichkeiten" eben.

Kein Wunder, dass viele Deutsche so sein wollten „wie die Amerikaner". Etliche nahmen es wörtlich: Zehntausende betrieben ihre Auswanderung ins plötzlich gelobte Land.

Eine Spezialeinheit der US-Armee suchte bei einer Geheimoperation gezielt nach deutschen Wissenschaftlern und Technikern, um sie mit Sondergenehmigungen in die Vereinigten Staaten zu bringen. Dabei sahen die Amerikaner oft großzügig darüber hinweg, dass einige der „eingesammelten" Deutschen aktive Mitglieder des NS-Regimes waren und sich vielfach auch an dessen Straftaten beteiligt hatten. Zu den in die USA gebrachten Experten gehörten zahlreiche Raketentechniker wie etwa Wernher von Braun, der spätere „Vater der amerikanischen Raumfahrt". In seiner neuen Heimat entwickelte er die gigantische „Saturn-V"-Trägerrakete für die erste Landung eines Menschen auf dem Mond.

Die Daheimgebliebenen begeisterten sich für eine ihnen bislang unbekannte Musik. Aus vielen „Volksempfängern", den Radios der NS-Zeit, kamen plötzlich neue Töne: englischsprachige Schlager, ausgestrahlt vom US-Soldatensender AFN (American Forces Network). Die jungen Deutschen waren begeistert, etliche der älteren weniger. „Dreh doch die Negermusik ab", verlangten viele Eltern und meinten es meist nicht rassistisch.

Elvis Presley ließ deutsche Frauen- und Mädchenherzen höher schlagen.

Am 1. Oktober 1958 traf Hüftschwung-Rocker Elvis Presley in Deutschland ein. Bis zum 2. März 1960 leistete er seinen Wehrdienst bei einer Einheit der US-Army ab und brachte in dieser Zeit die weibliche Hälfte der westdeutschen Nation zum Kreischen. Zumindest die 13- bis 30-Jährigen mit ihren schwingenden Petticoats und Taillen einschnürenden Metallgürteln.

1964 traten Bill Haley und seine „Comets" („Rock around the clock") zum Gastspiel in der Berliner Waldbühne an. Es gab nur einen Auftritt, denn die verzückten Fans machten den Veranstaltungsort begeistert zu Kleinholz. Die Krawallmacher von damals sind die heute 60- und 70-jährigen Opas und Omas, von denen etliche inzwischen Schwierigkeiten mit „Rappern" und der von vielen ihrer Enkel bevorzugten „Hip-Hop"-Musik haben.

Spätere Generationen, nicht nur im deutschsprachigen Raum, wurden begeisterte Fans des „King of Pop", Michael Jackson. Die Songs und Videoclips des 2009 kurz vor seinem 50. Geburtstag unter mysteriösen Umständen gestorbenen „Moonwalkers" revolutionierten die Musikszene.

Die „Jeans" genannten amerikanischen „Nietenhosen" waren schon vorher in Mode. Genauso wie die

Michael Jackson

schreiend bunten „Hawaii-Hemden". Auch der Autogeschmack der Deutschen wurde „amerikanisch": Mit „Panoramascheibe" und Heckflossen sahen viele deutsche Autos wie zu heiß gewaschene und dabei eingelaufene US-Straßenkreuzer aus. Vom amerikanischen Leben erfuhren Deutsche in Fernsehserien. *Rauchende Colts, Bonanza, Hawaii Fünf-Null* oder *77 Sunset Strip* zuerst in Schwarz-Weiß und später in Farbe. Wer ins Kino strömte, wollte weniger deutsche Heimatfilme und mehr „Hollywood" in allen Variationen. Englisch, die Muttersprache

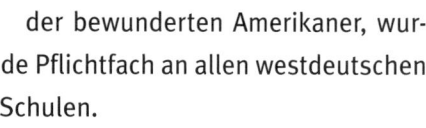

der bewunderten Amerikaner, wurde Pflichtfach an allen westdeutschen Schulen.

Mit wachsendem Wohlstand und nach drastisch gesunkenen Flugpreisen machten sich Heerscharen von deutschen Urlaubern auf den Weg zum persönlichen Besichtigen der Film- und Fernsehbilder von der amerikanischen Schokoladenseite. Damaligen Meinungsumfragen zufolge rangierte der Berufswunsch „Cowboy" plötzlich ganz oben auf der Wunschskala.

Deutsche Politiker strapazierten das Wort von „unseren amerikanischen Freunden". Dass die Vereinigten Staaten mehrere Hunderttausend US-Soldaten in Deutschland als Bollwerk gegen die „kommunistische Gefahr aus dem Osten" stationiert ließen und damit „die Freiheit unseres Landes garantierten", wurde als amerikanischer Liebesbeweis dankbar begrüßt.

„Ami" war kein Schimpfwort. Das kam bei einer wachsenden Gruppe meist jüngerer US-Kritiker erst Mitte der 1960er-Jahre bei den Protestaktionen gegen den Vietnamkrieg in Mode. Eine von der amerikanischen „Flower-Power"-Bewegung, den „Blumenkindern", inspirierte neue Generation rebellierte gegen „amerikanischen Imperialismus" und den aus den Vereinigten Staaten übernommenen „Konsumterror".

Aber das Streiten der jungen Generation gegen Erscheinungsformen der amerikanischen Lebensart hielt sich gleichzeitig in

Die Kreuzung Haight Street – Ashbury Street war die Hochburg der Hippiebewegung in San Francisco.

Grenzen. Was US-Jugendliche anstrebten, wollten auch viele deutsche Jugendliche haben. Wenn es schon nicht zum Auto reichte, musste zumindest ein Moped her.

Großer Beliebtheit erfreuten sich auch schnell deutschsprachige Versionen amerikanischer „Comic Books". Einer der Renner war „Superman", dessen Abenteuer unter anderem mit Christopher Reeves in der Hauptrolle verfilmt wurden.

Und wie selbstverständlich wurden amerikanische Begriffe in die deutsche Sprache übernommen. Aus Schallplatten wurden „Records", der Lautsprecher im Plattenspieler mutierte zum „Speaker". Mit „Skateboard" oder dem „Bike" ging's in die „Disco", wo manche „Boys" und „Girls" ihren ersten und hoffentlich letzten „Joint" probierten. „Hula-Hoop"-Reifen waren schnell passé, aber „Break-Dance" hielt sich länger.

Das öffentliche Schwimmbad wurde zum „Pool", wo sich viele Besucher mit „Hi" begrüßen und sich anschließend mit dem „Walkman" und später mit dem „iPod" oder einem anderen „MP3-Player" beschallen ließen. Die „Live"-Sendungen übertragende Fernsehglotze wurde in „TV" umgetauft. Seitdem ist mit der „Remote Control" „Zappen" und „Channel Surfing" angesagt, bis „MTV" kommt. Da wird die „Volume" hochgedreht und gelegentlich kommen „Mom" und „Dad" vorbei und verlangen kategorisch, den „Off"-Knopf zu drücken. Da bleiben für „Freaks" nur noch der „Gameboy" oder der „Computer", der schon lange kein Rechner mehr ist. Auf dem man schließlich „e-mailen", „chatten", „downloaden", „twittern", „googeln", „surfen" und „deleten" kann.

Manchmal tragen Gerätschaften „amerikanische" Bezeichnungen, die gar keine sind: Wer im englischsprachigen Raum etwa von seinem „Handy" spricht, muss sich auf ein verständnisloses „A what?" gefasst machen. Denn in den USA ist ein Handy ein „cellphone" und in Großbritannien ein „mobile". Ins Deutsche übersetzt bedeutet „handy" so viel wie „praktisch".

Der wirtschaftliche und politische Aufstieg der USA

Schon während des Zweiten Weltkrieges hatte die Regierung in Washington Vorbereitungen für die Nachkriegszeit getroffen. Das betraf einmal die Umstellung der amerikanischen Wirtschaft von einer Kriegs- auf eine Friedenswirtschaft. Es mussten schließlich nicht länger Bomber, Panzer, Geschütze und Munition fabriziert werden. Die neuen Produkte der US-Industrie waren bald wieder dieselben wie in der Vorkriegszeit: Güter des persönlichen Bedarfs, Autos, Möbel, hochwertige Kleidung und vieles anderes.

Als besonderes Problem galt die Wiedereingliederung von mehreren Millionen Soldaten in das Zivilleben. Präsident Roosevelt beauftragte seine Minister: „Verhindert mir nur ja eine Massenarbeitslosigkeit."
Als Teil des Problems, aber auch als Teil der Lösung wurde das Millionenheer der in Fabriken, Verwaltungen und Behörden be-

schäftigten Frauen und Mädchen identifiziert. In der Zeit des „Männermangels" während des Krieges waren sie umworben worden. Aber nun waren sie „überflüssig". Sie sollten wieder ihre „traditionelle Rolle" als Hausfrauen übernehmen und den heimkehrenden Männern Platz machen.

Überall im Land nutzten Arbeitgeber die nach europäischen Maßstäben unzulänglichen Schutzrechte für Arbeitnehmer und schickten die Frauen massenhaft „nach Hause".

Aus Steuermitteln erhielten heimkehrende Soldaten großzügige Hilfen. Sie konnten zwischen einem Jahr „Arbeitslosenhilfe" oder einem kostenlosen Studium beziehungsweise einer soliden Ausbildung für Zivilberufe wählen („GI Bill").

In den ersten Nachkriegsjahren erlebten die Vereinigten Staaten einen „Babyboom". Die nach 1945 geborenen US-Bürger nennen sich stolz „Babyboomer". Die ersten von ihnen sind längst Rentner.

Während in den ersten Jahren nach dem Krieg die Arbeitslosigkeit stark anstieg, erlebte das Land bald darauf einen beispiellosen wirtschaftlichen Aufstieg. Die Löhne kletterten sprunghaft, der durchschnittliche Lebensstandard verbesserte sich von Jahr zu Jahr und die Amerikaner frönten einem Konsumrausch.

Die Industrieproduktion explodierte und machte die Vereinigten Staaten zu einem Exportgiganten. Kein anderes Land der

Welt verkaufte so viele Güter ins Ausland wie die Vereinigten Staaten. Riesige amerikanische Agrarausfuhren sicherten das Überleben kompletter Nationen etwa in Afrika, in Asien und Südamerika.

Einen Großteil der US-Exporte konnten die Empfängerländer gar nicht bezahlen und die Vereinigten Staaten wurden der größte Gläubiger der Welt.

Auch die staatlichen Einnahmen erreichten durch explodierende Steuereinnahmen Rekordhöhen. Mit einem Teil des Geldes finanzierte der Staat die Modernisierung seiner Streitkräfte und festigte damit seine Rolle als schlagkräftigste Militärmacht der Welt.

Die US-Nation sonnte sich in einem Gefühl der nahezu unantastbaren Sicherheit und des scheinbar unaufhörlich wachsenden Wohlstandes. Aber der neue Reichtum erreichte nicht alle Amerikaner. Unter anderem wegen der Begüterte begünstigenden Steuergesetzgebung, der ungleichen Bildungs- und Berufschancen sowie der zum Teil sehr offenen und gesetzlich sanktionierten Diskriminierungen von Minderheiten wurde eine schon vorher bestehende ungleiche Einkommens- und Vermögensverteilung weiter verstärkt: Die Reichen wurden immer reicher und die Armen immer ärmer.

Diese Wirtschaftspolitik verstärkte der von Januar 1981 bis Januar 1989 regierende US-Präsident Ronald Reagan. Zur Bekämpfung der steigenden Inflation im Land setzte er im Parlament massive Steuersenkungen zum Ankurbeln der Konjunktur durch. Diese Entlastungen kamen wiederum hauptsächlich den begüterten Steuerzahlern zugute. Das war vom Weißen Haus auch so gewollt, denn Präsident Reagan ging von einer einfachen Rechnung aus: Die reicher gemachten Reichen würden die eingesparten Steuern massenhaft für den Erwerb von Konsumgütern ausgeben. Was dann automatisch zur Schaffung und Sicherung vieler Arbeitsplätze und gewaltigen zusätzlichen Steuereinnahmen führen würde. Am Schluss wären dann alle wohlhabender und glücklicher.

Die theoretische Annahme erwies sich aber allein deshalb als Fehlkalkulation, weil die mit Steuergeschenken beglückten Amerikaner den Konsum nicht wie prophezeit ankurbelten. Komiker witzelten: „Mehr als Sattessen an Kaviar geht nicht. Und das Verlangen nach zweiter Rolex, dritter Jacht und vierter Geliebten wird maßlos übertrieben."

Und es kam dann auch nicht wie angenommen. Obwohl die eingeplanten neuen Steuereinnahmen durch die vorausgesagte neue Konsumwelle ausblieben, finanzierte die Reagan-Regierung eine in Friedenszeiten nie da gewesene Aufrüstungspolitik. Dabei wurden zahlreiche und sehr kostspielige neue Waffensysteme in Dienst gestellt, für deren Herstellung verhältnismäßig wenige Arbeitsplätze geschaffen wurden. Das alles strapazierte den Staatshaushalt und die Staatsverschuldung stieg dramatisch an.

Gleichzeitig lebten „die Amerikaner" getreu dem staatlichen „Vorbild" weit über ihre Verhältnisse: Nicht zuletzt wegen sinkender Arbeitnehmereinkommen sparten Amerikaner kaum noch. Vielfach notgedrungen gaben US-Bürger ihr Geld so schnell aus, wie sie es in die Hand bekamen, und sie machten dazu massenhaft Schulden.

Durch das alles wurde die einstmals superreiche Gläubigernation der Vereinigten Staaten von Amerika so um das Jahr 2000 herum die größte Schuldnernation der Welt, also das Land mit größerer Außenverschuldung als jedes andere Land in der Geschichte der Menschheit.

Politisch und militärisch blieben die USA aber, was sie Ende 1989 nach dem Zusammenbuch der riesigen Militärmacht Sowjetunion geworden waren: die einflussreichste Macht der Welt, die einzige noch verbliebene Supermacht.

Eine Supermacht, deren Idealen viele Länder der westlichen Welt seit dem Ende des Zweiten Weltkrieges nachgeeifert hatten, die als „letzte Hoffnung der Unterdrückten und Verzweifelten dieser Welt" galt und die die Sicherheit vieler Völker garantierte. Aber auch eine Supermacht, die andere Länder mit militärischen Interventionen sowie mit wirtschaftlichem und politischem Druck zur Räson brachte, wenn sie die wirtschaftlichen und politischen Interessen der Vereinigten Staaten störten.

Wenn es der US-Regierung ratsam und nützlich erschien, konsultierte und kooperierte sie mit befreundeten und verbündeten Staaten, aber manchmal auch nicht. Nach der Annektierung des westlich orientierten und von der Scheich-Familie der Sabah autokratisch regierten Ölförderlandes Kuwait durch den Irak im Jahr 1990 bemühte sich Washington erfolgreich um die Zustimmung der Vereinten Nationen in New York zum Krieg gegen das von Diktator Saddam Hussein regierte Land.

**George H. W. Bush
(* 1924)**

Eine überwiegend aus US-Truppen (mehr als eine halbe Million Soldaten) bestehende Streitmacht vertrieb die irakischen Besatzungstruppen in der Zeit von 2. August 1990 bis 28. Februar 1991. Aus Furcht vor zu großen Verlusten an Menschenleben verzichtete der damalige US-Präsident George H. W. Bush auf eine Eroberung des Irak. Dieser Krieg sollte später als erster Irakkrieg in die Geschichte eingehen.

Die von US-Präsident George W. Bush, dem Sohn von Präsident George H. W. Bush, angeführte Regierung verdächtigte den Irak zwölf Jahre später, die für die Terroranschläge des 11. September 2001 verantwortliche al-Qaida-Terrororganisation zu unterstützen und gleichzeitig Massenvernichtungswaffen zu produzieren, mit denen das von Diktator Saddam Hussein regierte Land die Länder der Region und auch die Vereinigten Staaten bedrohe. Als die Weltgemeinschaft in den Vereinigten Nationen den Wahrheitsgehalt der Vorwürfe bezweifelte, entschloss sich Washington zum Alleingang. Dem amerikanischen Krieg gegen den Irak schlossen sich dann einige wenige Staaten an. Inzwischen weiß die Welt, dass die Washingtoner Vorwürfe ein „Irrtum" waren.

Im Laufe des Krieges wurde Saddam Hussein gefangen genommen und von einem irakischen Sondergericht wegen Verbrechen gegen die Menschlichkeit zum Tode verurteilt. Das Urteil wurde durch Erhängen vollstreckt.

Bei den Kriegshandlungen und der anschließenden Besetzung des Iraks, kamen mehr als 4.000 US-Soldaten ums Leben. Die Zahl der getöteten irakischen Soldaten und der irakischen Zivilisten ist umstritten. Die Zahlenangaben reichen von mehr als 200.000 bis über eine Million Opfer.

Die amerikanische Alleingangspolitik beim Irakkrieg löste weltweit, und auch in den Vereinigten Staaten, scharfe Proteste und eine schwere Vertrauenskrise aus. Das Prestige der Vereinigten Staaten nahm großen Schaden, der durch Meldungen von Misshandlungen und vom Foltern von Gefangenen und angeblichen Terrorverdächtigen noch weiter erhöht wurde. Die inneramerikanische Kritik trug erheblich zum rapiden Ansehensverlust von Präsident Bush junior und den Wahlniederlagen von Politikern seiner Republikanischen Partei bei den Parlaments- und Präsidentschaftswahlen im November 2008 bei.

Amerikas Kriegsgeschäfte

Warum Kriege geführt werden, ist hinterher oft nur schwer zu verstehen. In den Vereinigten Staaten sind alle Kriege und sonstigen militärischen Einmischungen vor allem aus zwei Gründen erfolgt: Es ging entweder um handfeste wirtschaftliche Vorteile oder um die Bekämpfung „ideologischer Gefahren". Vor gar nicht so langer Zeit war es die „kommunistische Gefahr" und seit der Terrorwelle in den USA ist es die „Gefahr des radikalen Islam".

Schon die ersten Siedler auf amerikanischem Boden gaben sich demutsvoll und gottesfürchtig und benahmen sich in der Praxis wie skrupellose Kapitalisten. Sie interpretierten das Streben nach irdischen Gütern, nach Wohlstand und Reichtum, als göttliches Gebot. Deshalb nahmen sie sich, notfalls mit Gewalt, was ihnen nehmenswert erschien.

Nach den Kriegen beispielsweise gegen Kolonialisten anderer Länder erstreckte sich das Herrschaftsgebiet der weißen Siedlertruppe schließlich vom Atlantik bis zum Pazifik.

Mit der Industrialisierung der Vereinigten Staaten von Amerika im 19. Jahrhundert dehnte die US-Nation ihre wirtschaftlich motivierten Machtansprüche auch auf Nachbarstaaten in Lateinamerika, also Mittel- und Südamerika einschließlich der karibischen Staaten, aus. Zur Erschließung gesicherter Absatzmärkte für US-Waren sowie zur Versorgung der eigenen Bevölkerung mit Nahrungsmitteln und zur Sicherung des Nachschubs von ausländischen Rohstoffen für die US-Industrie „intervenierten" die Amerikaner mit ihrer Militärmacht nach Lust und Laune.

Mit Militär- und Geheimdiensthilfen stachelten die Amerikaner Rebellionen gegen Kolonial- und auch frei gewählte Regierungen an, oft schickten sie zu Eroberungszwecken auch mal schnell die US-Armee vorbei und sorgten für die Machtübernahme „amerikafreundlicher" Machthaber. Gelegentlich erreichten sie die Einsetzung von Vasallen-Regierungen schon mit der bloßen Androhung eines militärischen Eingreifens.

Dass die neuen Machthaber von Amerikas Gnaden oft mörderische Diktatoren waren, wurde von den US-Politikern nicht groß zur Kenntnis genommen und wurde schlimmstenfalls als „notwendiges Übel" eingestuft.

Seit dem Ende des Zweiten Weltkrieges wurde fast jedes zweite Land in Lateinamerika von den Vereinigten Staaten militärisch attackiert oder zumindest massiv unter Druck gesetzt. Mit Ausnahme des von 1977 bis 1981 regierenden US-Präsidenten Jimmy Carter gingen alle anderen US-Präsidenten der Nachkriegszeit militärisch gegen andere souveräne Staaten vor. Zwei Jahrzehnte nach seinem Ausscheiden aus dem Amt wurde Carter

James Earl „Jimmy" Carter (* 1924)

für seine Bemühungen um einen Frieden im Nahen Osten mit dem Friedensnobelpreis ausgezeichnet.

Wirtschaftliche und nicht in erster Linie moralische Überlegungen zählten nach Meinung vieler Historiker zu den Hauptgründen für die Beteiligung der Vereinigten Staaten an den beiden Weltkriegen. Ein Kriegsgewinn Deutschlands hätte die Wirtschaftsmacht USA von zahlreichen Handelspartnern abgeschnitten.

Die beiden Irakkriege wurden von amerikanischer Seite zwar moralisch als „Kampf für Freiheit und Demokratie" begründet. Gleichzeitig wurde aber auch von der

Regierung in Washington eingeräumt, dass die Kriegshandlungen nicht zuletzt der Sicherung der Ölversor-
gung der westlichen Länder dienten. Kritiker der Kriege forderten dementsprechend auch „Kein Blut für Öl".
Damit war das in jedem Krieg unausweichliche „Blut-
vergießen" der Kriegsopfer gemeint.

Bei etlichen amerikanischen Kriegen, wie etwa in Vietnam, Korea und zahlreichen lateinamerikanischen Staaten, sollte das Vordringen des Kommunismus verhindert
werden. Aber auch bei diesen Kriegen ging es nicht vor-
rangig um Verteidigung oder Erhalt der „Freiheit" in
kommunistisch regierten oder von Kommunisten be-
drängten Ländern, sondern hauptsächlich um die Sicherung der wirtschaftlichen Macht der Vereinigten Staaten (sprich: Erhalt der Absatzmärkte). Bislang hat noch
niemand die Prinzipien der US-Politik treffender beschrieben als der von 1923 bis 1929 regierende US-
Präsident Calvin Coolidge: „Amerikas Geschäft ist das
Geschäft."

Aus Feind wird Freund

Ausgemergelte Menschen im KZ Gusen I bei Langenstein, östlich von Linz, (Österreich) nach der Befreiung durch die amerikanische Armee im Mai 1945

Das offizielle Verhältnis der Vereinigten Staaten zum besiegten Deutschland war 1945 aus nahe liegenden Gründen zuerst sehr konfliktreich. Die befreiten Konzentrationslager dokumentierten jetzt vor aller Welt sichtbar die kaum beschreibbaren Verbrechen des Naziregimes. Die von den Medien verbreiteten Bilder von Leichenbergen und das Wissen um viele Millionen Morde erschütterten die Nationen und lösten weltweites Entsetzen aus.

Bereits 1944 hatte US-Finanzminister Henry Morgenthau, der selbst jüdischen Glaubens war, einen rigorosen Plan für die Behandlung Deutschlands nach der Kapitulation entworfen. Der von Präsident Franklin Roosevelt gebilligte Plan sah die Umwandlung Deutschlands in einen vorindustriellen Agrarstaat vor, der niemals mehr in der Lage sein würde, einen Krieg zu führen.

Doch schon wenige Monate später zeichnete sich eine Umkehr in der amerikanischen Deutschlandpolitik ab. Das Verhalten der sowjetischen Regierung löste in Washington die Sorge aus, dass der Kriegsverbündete Sowjetunion eine Ausweitung des sowjetischen Einflusses in ganz Deutschland anstrebe. Dies führte zu der Einschätzung von Präsident Truman, dass der westliche Teil des besetzten Deutschlands in den Kreis der „freien Staaten" einbezogen werden müsse. Ein zum Agrarland gemachtes Deutschland wäre zwangsläufig politisch instabil und könne leicht zur „Beute der Kommunisten" werden.

Harry S. Truman
(1884–1972)

Die veränderte amerikanische Deutschlandpolitik wurde zwei Jahre nach Kriegsende durch die „Anordnung Nummer 1779" formalisiert. In der hieß es: „Ein geordnetes, wohlhabendes Europa benötigt die wirtschaftlichen Beiträge eines stabilen und produktiven Deutschlands."

Die westlichen Siegermächte stimmten 1949 der Gründung der Bundesrepublik Deutschland zu, worauf die sowjetische Besatzungsmacht einige Monate später in ihrem Besatzungsgebiet im Osten Deutschlands, die Gründung der Deutschen Demokratischen Republik (DDR) billigte. Von den Westmächten wurde die DDR völkerrechtlich aber nicht anerkannt.

Sechs Jahre später, 1955, wurde im Westen Deutschlands das sogenannte „Besatzungsstatut" aufgehoben. Lediglich einige „Vorbehaltsrechte" der Alliierten blieben bestehen. Die Bundesrepublik war damit faktisch wieder ein souveräner Staat. Die ehemaligen Kriegsgegner Deutschlands, die Vereinigten Staaten, Großbritannien und Frankreich, nahmen diplomatische Beziehungen mit der Bundesrepublik auf und sie stimmten der Aufstellung einer „Bundeswehr" genannten neuen westdeutschen Armee und der Aufnahme des Landes in die Nordatlantische Verteidigungsgemeinschaft (NATO) zu.

Aus den Kriegsgegnern waren damit nur ein Jahrzehnt nach dem Ende des Zweiten Weltkrieges enge Verbündete geworden. Sie alle verfolgten dabei das gemeinsame Ziel der Abwehr möglicher Kriegsgefahren aus dem kommunistisch regierten „Osten". Wirtschaftlich ging es mit Westdeutschland weiter aufwärts und das Land wurde eine der führenden Exportnationen der Welt. Während die Vereinigten Staaten enge Beziehungen zur Bundesrepublik aufbauten, wurde die DDR von Washington weitgehend ignoriert. Westdeutschland war ja auch in den westlichen Wirtschaftskreislauf eingebunden und Ostdeutschland in den von der Sowjetunion beherrschten. Politische Beziehungen zwischen Ostberlin und Washington waren auf ein Minimum reduziert und in den ersten 28 Jahren nach Kriegsende bestanden zwischen Ostberlin und Washington auch keine diplomatischen Beziehungen.

Die Vereinigten Staaten betrachteten die DDR als einen von Moskau gesteuerten sowjetischen Satellitenstaat, der keine eigenständigen außen- und sicherheitspolitischen Entscheidungen treffen könne. Bei US-Problemen mit der DDR, etwa in Menschenrechtsfragen oder der Behandlung von US-Bürgern in Ostdeutschland, wandte sich die US-Regierung direkt an Moskau. Dies alles führte zu einer sehr unterschiedlichen Wirtschaftsentwicklung in der Bundesrepublik und der DDR. In der Bundesrepublik herrschte schon wenige Jahre nach dem Krieg eine Überflussgesellschaft, während sich die Menschen in der DDR mit einer Mangelgesellschaft arrangieren mussten.

Wie stark die Vereinigten Staaten in den ersten Jahrzehnten nach dem Krieg an einer Wiedervereinigung Deutschlands interessiert waren, ist unter Historikern umstritten. Es waren wohl

Schlangestehen für Tomatenpflanzen. Die Mangelwirtschaft zeigte sich in vielen Bereichen des täglichen Lebens.

vor allem sicherheitspolitische Gründe, die Washington von einer aktiven Unterstützung von Wiedervereinigungsbemühungen abhielten. Die Vereinigten Staaten wollten eine Konfrontation mit der Sowjetunion vermeiden, die zu einer kriegerischen Auseinandersetzung hätte führen können. So verhinderten die USA im August 1961 beispielsweise den Bau der Berliner Mauer nicht. Erst am 26. Juni 1963 sollte Präsident Kennedy mit seiner berühmten Ich-bin-ein-Berliner-Rede seine Solidarität mit den Bürgern Westberlins ausdrücken.

Das amerikanische Akzeptieren des sowjetischen Einflussbereichs zeigte sich in zwei weiteren osteuropäischen Staaten: Auf die militärische Niederwerfung des Ungarn-Aufstandes im November 1956 und den Einsatz von Ostblocktruppen gegen die Reformpolitiker des „Prager Frühlings" im August 1968 reagierte Washington lediglich mit folgenlos bleibenden diplomatischen Protesten.

Spätestens Anfang der 1960er-Jahre waren die Vereinigten Staaten die wirtschaftlich, militärisch und auch politisch mächtigste Nation der Welt. Gleichzeitig traten die Vereinigten Staaten auch erstmals in ihrer Geschichte als Weltmacht auf. Die Regierung der Vereinigten Staaten versuchte aktiv und mit wirtschaftlichen, diplomatischen und oft auch militärischen Mitteln, ihre Ideale von Freiheit, Demokratie und Menschenrechten in zahlreichen Ländern der Erde durchzusetzen.

Im deutsch-amerikanischen Verhältnis führte dies häufiger zu Meinungsverschiedenheiten. Die Regierung der Bundesrepublik Deutschland war sich bewusst, dass die militärischen Anstrengungen unter anderem mit der Stationierung amerikanischer Truppen in Westdeutschland die Sicherheit des westdeutschen Staates garantierten. Aber gleichzeitig gab es in der westdeutschen Bevölkerung starke Proteste gegen die amerikanische Beteiligung am Vietnamkrieg.

Später kamen Proteste gegen die Stationierung zusätzlicher amerikanischer Mittelstreckenraketen auf westdeutschem Boden hinzu. Eine immer stärker werdende Friedensbewegung stufte die neuen Raketen, die auch mit nuklearen Sprengköpfen ausgerüstet werden konnten, nicht als Erhöhung der Sicherheit, sondern stattdessen als Unsicherheitsfaktor ein. Auf die Kritik in Deutschland reagierten amerikanische Politiker irritiert und manche sprachen von

Erfahrungen eines US-Soldaten im Vietnamkrieg: Krieg ist die Hölle.

einem „deutschen Antiamerikanismus". Tatsächlich gab es den aber nicht. Zumindest nicht in dem Ausmaß, wie oft behauptet wurde. Die deutsche Nachkriegsgeneration war weiterhin von der amerikanischen Art und den Idealen des Landes begeistert und ahmte vieles nach, was dort passierte. Der deutsch-amerikanische Schüleraustausch erreichte immer neue Rekorde. Doch gleichzeitig kritisierten die zum Teil lange nach Kriegsende geborenen Deutschen bestimmte Handlungen der amerikanischen Politik. Vietnamkrieg und Nachrüstung waren nur zwei dieser Kritikpunkte.

Zeitgleich „entdeckten" die jungen Deutschen ihre europäischen Nachbarn. Wirtschaftlich, politisch und auch gesellschaftlich rückten die in der Europäischen Union vereinigten Staaten Europas enger zusammen. Die innereuropäischen Grenzen wurden nach und nach abgeschafft. Junge Deutsche erkannten, dass nicht nur die Vereinigten Staaten, sondern auch die europäischen Nachbarn einiges zu bieten hatten.

Nach dem Fall der Berliner Mauer und dem Zusammenbruch der DDR verbesserten sich die deutsch-amerikanischen Beziehungen für relativ kurze Zeit wieder schlagartig. Mit Anerkennung und Dankbarkeit reagierten die Politiker und die Bevölkerungen in beiden deutschen Staaten, dass sich US-Präsident George H. W. Bush (der Vater des 2001 ins Amt kommenden George W. Bush) aktiv für die Wiederherstellung der deutschen Einheit einsetzte.

Nach dem Amtsantritt von US-Präsident Bill Clinton 1993 kühlte das transatlantische Verhältnis wieder etwas ab. Die Europäer konnten sich nicht auf ein Vorgehen im Balkankrieg zwischen den ehemaligen jugoslawischen Republiken Bosnien-Herzegowina und Kroatien einigen. Worauf sich die Vereinigten Staaten einseitig zu einem militärischen Eingreifen zur Beendigung des Bürgerkrieges entschlossen.

Mit der Wahl von US-Präsident George W. Bush im November 2000 verschlechterte sich das deutsch-amerikanische Verhältnis weiter. In der „großen Politik" genauso wie bei der deutschen Bevölkerung. Denn der neue Präsident vertrat politische Standpunkte, die in

William Jefferson „Bill" Clinton (* 1946)

Deutschland und vielen anderen europäischen Staaten auf massive Kritik stießen. Bush lehnte reihenweise ab, was die europäischen Freunde und Verbündeten für nützlich, notwendig und unverzichtbar hielten: etwa die Umweltvorschriften des „Protokolls von Kyoto", die Einrichtung des Internationalen Strafgerichtshofes, Verträge zum Verbot der Produktion biologischer Waffen und auch die Abschaffung der Todesstrafe. Später kam noch die amerikanische Aufkündigung des amerikanisch-sowjetischen Vertrages über den gegenseitigen Verzicht einer strategischen Raketenabwehr (Weltraumwaffen) hinzu.

Das tragische Ereignis der Terroranschläge des 11. September 2001, bei dem hauptsächlich aus Saudi-Arabien stammende Terroristen in den Vereinigten Staaten mehrere Passagierflugzeuge entführt und dann als fliegende Bomben benutzt hatten, schweißte den größten Teil der Welt schlagartig zusammen. Die Bilder von den Terroraktionen und ihren Folgen erschütterten die Welt und lösten eine Welle der Solidarität und Hilfsbereitschaft aus. Auch viele Menschen in Deutschland empfanden den Massenmord mit mehr als 3.000 Toten als einen Anschlag auf sie selbst. Jegliche Kritik an „den Amerikanern" und der Politik von Präsident George W. Bush war vergessen.

Überreste des Südturms des World Trade Centers in New York nach den Terroranschlägen

Als Urheber der Anschläge war sehr schnell die vom saudischen Millionär Osama bin Laden angeführte Terrororganisation al-Qaida ermittelt. Bin Laden hielt sich, unterstützt vom radikalislamischen Terrorregime der Taliban, das auch Frauen weitgehend rechtlos gemacht hatte und auch den Schulunterricht für Mädchen verboten hatte, in Afghanistan versteckt. Die von Washington verlangte Herausgabe bin Ladens wurde von den Machthabern in der afghanischen Hauptstadt Kabul verweigert, worauf sich die amerikanische Regierung zu einem militärischen Vorgehen entschloss.

An einer „Anti-Terror-Koalition" aus mehreren Dutzend Staaten beteiligte sich auch Deutschland sofort mit der Entsendung von fast 4.000 Soldaten nach Afghanistan. Nach den Kampfhandlungen im Oktober und November des Jahres 2001 war das Menschenrechte missachtende Taliban-Regime gestürzt und im Land wurden demokratische Wahlen vorbereitet. Das erklärte Kriegsziel, die Festnahme von bin Laden, um ihn anschließend zur Rechenschaft ziehen zu können, wurde aber nicht erreicht.

Nach den Afghanistan-Wahlen im September 2005 kam es zu Bürgerkriegsauseinandersetzungen rivalisierender ethnischer Gruppen, an der sich auch Verbände der Taliban beteiligten. Ende 2009 sind die Kampfhandlungen noch nicht beendet und die internationale Schutzmacht mit Beteiligung deutscher Soldaten hält sich weiterhin in Afghanistan auf. Der dortige Krieg hat damit bereits länger gedauert als der Zweite Weltkrieg.

Nach der Vertreibung der Taliban von der Regierungsgewalt in Afghanistan stuften die meisten Regierungen der Welt den Kampf gegen den Terrorismus als gewonnen ein. Für sie waren die Opfer der Anschläge gerächt.

Die Regierung von Präsident Bush war aber anderer Ansicht. Sie wollte den Terrorismus „ein für alle Mal beenden". Amerikanischen Angaben zufolge hatte die Terrororganisation al-Qaida nicht nur Afghanistan, sondern zahlreiche Staaten unterwandert und korrumpiert. Nach ihrer Aussage gehörten diese Länder zu einer „Achse des Bösen". Ihr Ziel sei es, mithilfe der al-Qaida die demokratischen Staaten des Westens zu bedrohen und zu unterjochen.

Einer der Hauptunterstützer der al-Qaida war amerikanischen Angaben zufolge das irakische Diktatorenregime von Saddam Hussein. Der Irak horte zudem biologische und chemische Massenvernichtungswaffen und habe bereits große Fortschritte bei der Entwicklung von Nuklearwaffen gemacht. Anfang des Jahres 2003 legte der damalige US-Außenminister Colin Powell dem Weltsicherheitsrat der Vereinten Nationen in New York nicht nachprüfbare „unwiderlegbare Erkenntnisse" amerikanischer Geheimdienste vor. Unter Hinweis auf diese „Beweise" verlangte Washington von der Weltorganisation die Genehmigung zum Krieg gegen den Irak.

Alle von Washington präsentierten „unwiderlegbaren Erkenntnisse" und „Beweise" erwiesen sich später als falsch. Der Irak hatte nicht mit der al-Qaida zusammengearbeitet und die Terrororganisation auch nicht unterstützt. Das Land verfügte zudem nicht über Massenvernichtungswaffen und war obendrein nicht mit der Entwicklung von Nuklearwaffen beschäftigt. Ob es sich beim Zusammentragen der „Beweise" um schlampige Geheimdienstarbeit oder gar um bewusste Irreführungen handelte, haben auch später durchgeführte Untersuchungen des Washingtoner Parlaments nicht zweifelsfrei klären können. Die entsprechenden Regierungsakten sind unter Geheimverschluss und sollen nach frühestens 50 Jahren freigegeben werden.

Die Forderung zahlreicher westlicher Staaten, den Wahrheitsgehalt der amerikanischen Anschuldigungen vor einer Kriegsentscheidung weiter von Waffenkontrolleuren der Vereinten Nationen überprüfen zu lassen, hatte die Regierung in Washington kategorisch zurückgewiesen. Der Weltsicherheitsrat lehnte daraufhin, unter anderem mit den Stimmen der deutschen und der französischen Regierung, eine Kriegsermächtigung für die Vereinigten Staaten ab.

Washington berief sich dann auf ein völkerrechtlich gar nicht bestehendes „Recht zum Präventivkrieg" und begann im März 2003 einen Krieg gegen den Irak. Die meisten Staaten der Welt verurteilten das Vorgehen Washingtons und trotz heftigen Drängens der USA beteiligten sich die meisten Staaten nicht an diesem Krieg. Zu den „Kriegsverweigerern" gehörte auch die Bundesrepublik Deutschland.

Der Irakkrieg stürzte das deutsch-amerikanische Verhältnis in seine schwerste Krise des letzten halben Jahrhunderts. Washington warf der deutschen Regierung „Undankbarkeit und Treulosigkeit" vor. In Zeiten der Not und allergrößter Terrorgefahren habe Deutschland den Wiederaufbauhelfer USA im Stich gelassen.

In der amerikanischen Öffentlichkeit und den Medien des Landes machte sich eine starke antideutsche Stimmung breit. Privatpersonen und Organisationen riefen zu einem Boykott deutscher Waren auf. US-Patrioten tauften das deutsche Sauerkraut, das auch in der amerikanischen Sprache so genannt wird, in „Freiheitskraut" (Liberty Cabbage) um. Mit D-Nationalitätskennzeichen versehene Autos deutscher Diplomaten, Journalisten und Urlauber in den USA wurden häufig beschädigt.

Die deutschen Reaktionen und Proteste auf die Kriegspolitik der Vereinigten Staaten waren ebenfalls heftig. Die deutsche Regierung beklagte die „Alleingangsmentalität" Washingtons, die gegen die Regeln der Partnerschaft verstoße.
Bei Massendemonstrationen in Deutschland gegen die „amerikanische Cowboy-Politik" von Bush wurde dessen Regierung unter anderem vorgeworfen, einen „Blut-für-Öl-Krieg" vom Zaun gebrochen zu haben. Der Irakkrieg sei kein Krieg gegen den

Terrorismus, den Vereinigten Staaten gehe es lediglich darum, sich die Herrschaft über die großen irakischen Rohölvorkommen zu sichern und dafür Soldaten und irakische Zivilisten sterben zu lassen.

Denselben Vorwurf erhoben auch Kriegsgegner in den Vereinigten Staaten, deren Zahl im Verlauf des Krieges immer mehr zunahm. Zum Ende der Amtszeit von Präsident Bush im Januar 2009 stuften Meinungsumfragen zufolge nahezu 70 Prozent aller US-Bürger den immer noch nicht beendeten Irakkrieg wohl auch wegen der schon mehr als 4.000 getöteten US-Soldaten als „Fehler" ein.

Kritiker warfen George W. Bush vor, „Cowboy-Politik" zu betreiben.

Weltweite Empörung löste in der Amtszeit von Präsident Bush auch der Umgang mit „Terrorverdächtigen" aus. Sie wurden mit Genehmigung des Weißen Hauses unter anderem in Geheimgefängnisse des US-Geheimdienstes CIA verschleppt und dort offensichtlich auch gefoltert. Andere Gefangene wurden von den USA an befreundete Staaten hauptsächlich im arabischen Raum überstellt, die für regelmäßiges Foltern von Häftlingen bekannt waren.

Auf dem US-Stützpunkt Guantanamo Bay auf Kuba richteten die US-Behörden ein spezielles Terroristenlager ein. Der Grund für die Ortswahl war die Tatsache, dass außerhalb des amerikanischen Staatsgebietes zahlreiche Schutzrechte für Gefangene nicht gelten. Einem offiziell nicht veröffentlichten, aber dennoch bekannt gewordenen Untersuchungsbericht der Internationalen Komitees vom Roten Kreuz zufolge wurden auch hier Gefangene gefoltert. Unter anderem wurden Häftlinge sogenannten Scheinertränkungen ausgesetzt, die von den Verhöroffizieren salopp „Waterboarding" genannt wurden. Eine nicht genau bekannte Anzahl von Häftlingen kam bei den „Sonderbehandlungen" ums Leben.

Unmenschliche Haftbedingungen und Folteraktionen wurden auch aus dem US-Gefangenenlager Abu Ghureib in der Nähe der irakischen Hauptstadt bekannt. Fotos der Haftbedingungen lösten eine weltweite Welle der Empörung aus. Einige wenige der unmittelbar Verantwortlichen für die Misshandlungen wurden zu Gefängnisstrafen verurteilt. Öffentliches Aufsehen erregten auch von US-Soldaten im Irak verübte Vergewaltigungen und Morde an irakischen Zivilisten.

Durch all diese Ereignisse und Vorfälle nahm das amerikanische Ansehen in der Welt schweren Schaden. Umfragen zufolge wurden die Vereinigten Staaten in den allermeisten westlichen Ländern nicht länger als Vorbild eingeschätzt. Nur noch eine vergleichsweise kleine Minderheit der Bevölkerung der europäischen Staaten war mit der Politik und der Person des Präsidenten George W. Bush einverstanden.

Westliche Politiker und Kommentatoren erklärten, dass dies nicht der Ausdruck eines „Antiamerikanismus", sondern die

Ablehnung der aktuellen US-Politik sei. In diesem Zusammenhang wiesen sie darauf hin, dass die Bush-Politik und die Person des Präsidenten inzwischen auch von der großen Mehrheit der US-Bevölkerung abgelehnt werde. Und diesen Amerikanern könne man ja schlecht vorwerfen, „antiamerikanisch" zu sein. Die Präsidentschafts- und Parlamentswahlen im November 2008 wurden damit so etwas wie eine Volksabstimmung über die Politik von Präsident George W. Bush.

Der Ausgang der Wahl – mit einem Sieg des Demokraten Barack Obama – führte in Deutschland und vielen anderen Ländern schlagartig zu einer vermutlich beispiellosen neuen Amerika- und vor allem Obama-Begeisterung.

Auszug aus der Begründung des Nobelpreiskomitees in Oslo im Oktober 2009:

„Der Friedensnobelpreis wird Präsident Barack Obama für seine außergewöhnlichen Bemühungen zur Stärkung der internationalen Diplomatie und zur Zusammenarbeit zwischen den Völkern verliehen.
Besondere Bedeutung kommt Obamas Bemühungen zur Schaffung einer Welt ohne Nuklearwaffen zu. Nur sehr selten hat ein Mensch in gleichem Ausmaß wie Obama die Aufmerksamkeit der Welt gefunden und den Menschen Hoffnungen für eine bessere Zukunft gegeben."

Das Ende der Super- und Weltmacht?

Im letzten Amtsjahr von Präsident George W. Bush und mitten im Präsidentschaftswahlkampf stürzte die US-Wirtschaft in ihre schwerste Krise seit mehr als 70 Jahren. Durch gigantische Ausgaben unter anderem für den Irakkrieg und die von Präsident George W. Bush mithilfe seiner republikanischen Volksvertreter im Parlament durchgesetzten und hauptsächlich vermö-

genden US-Bürgern zugutekommenden, beispiellosen Steuersenkungen waren die Staatsfinanzen zerrüttet. Präsident Bush hatte während seiner Amtszeit mehr Staatsschulden angehäuft als alle Präsidenten in den vorangegangenen mehr als 200 Jahren vor ihm zusammengenommen.

Das Banken-, Finanz- und Versicherungsgewerbe stand nach vielen und auch von Experten nicht mehr zu durchschauenden komplizierten Kettenspekulationen vor dem Zusammenbruch. Die Durchschnittslöhne der Arbeitnehmer sanken, die Nachfrage nach Konsumgütern von Bekleidung bis hin zu Autos ging deshalb erheblich zurück. Unternehmen und Geschäfte mussten Millionen von Beschäftigten entlassen. Zahlreiche Hausbesitzer konnten ihre Hypothekenverpflichtungen nicht mehr erfüllen und für mehr als zwei Millionen Wohnungen und Häuser wurde die Zwangsversteigerung eingeleitet.

Schlagartig wurde allen Beteiligten klar, wovor Experten schon seit Jahren gewarnt hatten: Der Staat und die Bürger der Vereinigten Staaten hatten hemmungslos über ihre Verhältnisse gelebt. Sie hatten in immer schnellerem Tempo mehr Geld ausgegeben, als sie verdienten. Das führte bei Staat und Volk zu einem immer größer werdenden Schuldenberg. Dass eines Tages die Rechnung bezahlt werden müsste, hatten alle Beteiligten verdrängt. Im Jahr 2008 wurde der Nation die Quittung präsentiert.

Der Rest der Welt hatte die Folgen der amerikanischen Sorglosigkeit schon seit etlichen Jahren zu tragen. Die Schuldenmentalität des US-Staates saugte aus nahezu aller Welt Irr-

Auswirkungen der Wirtschaftskrise

sinnssummen nach Amerika. Dieses Geld fehlte Gläubigernationen für notwendige Investitionen. Der Verlust von Millionen von Arbeitsplätzen allein in Europa war die zwangsläufige Folge. Dadurch sanken automatisch auch die Steuereinnahmen beispielsweise der europäischen Staaten. Staatliche Ausgaben etwa im Sozialbereich oder auch im Straßenbau mussten eingeschränkt werden.

Viele Menschen warfen der Bush-Regierung vor, eine egoistische „Alleingangs-Politik" zu betreiben und nicht mehr wie zu früheren Zeiten die legitimen Bedürfnisse anderer Völker zu berücksichtigen. Der amerikanische Krieg gegen den Irak habe die Sicherheit der Vereinigten Staaten und vieler anderer Länder auch nicht erhöht, sondern neue Terrorgefahren ausgelöst. Denn der amerikanisch angeführte Krieg im Irak und die Misshandlungen von Gefangenen habe den Terrororganisationen nur neue Mitglieder in die Arme getrieben.

Viele US-Bürger spürten die praktisch weltweite Ablehnung der US-Politik. Zur Vermeidung unerfreulicher Konfrontationen bei Auslandsreisen „tarnten" sie sich häufig als Kanadier. Dazu trennten sie an Kleidungsstücken und am Gepäck die vielfach üblichen Abzeichen mit der amerikanischen Flagge ab und ersetzten sie durch das kanadische Nationalemblem des roten Ahornblatts auf weißem Grund.

Der deutliche Ansehensverlust der Vereinigten Staaten trug vermutlich auch zum verstärkten Selbstbewusstsein der Verbündeten der USA bei. In Deutschland und anderen Mitgliedsstaaten der Europäischen Union wurde in den Medien und bei privaten Gesprächen immer häufiger darauf hingewiesen, dass die bisherige politische, militärische und wirtschaftliche Dominanz der Vereinigten Staaten für die Freunde und Verbündeten nicht immer vorteilhaft sei. Mit vielen Statistiken wurde dabei beispielsweise belegt, dass die Wirtschaftskraft der EU-Länder inzwischen schon größer sei als die der Vereinigten Staaten. Besonders stark kritisiert wurde der moralische Führungsanspruch der einstmals fast rückhaltlos bewunderten US-Nation, in der das „Recht auf Glück" (Persuit of Happiness) sogar in der Verfassung garantiert wird. Aber vor Gericht einklagen kann man das Glück leider nicht. Als beklagenswerte Schattenseiten wurden häufig das ständig größer werdende Gefälle zwischen Armen und Reichen, die nach europäischen Maßstäben sehr unzureichenden sozialen Absicherungen, die Vernachlässigung der Bedürfnisse von Minderheiten einschließlich der indianischen Ureinwohner, ein weiterhin latenter Rassismus und die „Verrohung" der „waffenvernarrten" US-Gesellschaft genannt. Als Belege wurden unter anderem angeführt, dass die Vereinigten Staaten die höchste Mordrate aller Industriestaaten haben, nicht krankenversicherte Schwangere eine Säuglingssterblichkeit wie in den ärmsten Entwicklungsländern ertragen müssen, die durchschnittliche Lebenserwartung von Nichtversicherten sehr viel kürzer als die von Versicherten ist, die USA zu den wenigen Ländern mit regelmäßig vollstreckten Todesstrafen gehören und sie nicht einmal die schon vor Jahrzehnten beschlossene UNO-Konvention zum Schutz der Kinder ratifizierten und in Kraft setzten.

Die UNO ist eine internationale Organisation, die für den Schutz der Menschenrechte, die Einhaltung des Völkerrechts und die Sicherung des Weltfriedens eintritt.

In der Schlussphase der Regierungszeit von Präsident George W. Bush hatte das internationale Ansehen der Vereinigten Staaten damit einen Tiefpunkt erreicht. Auch innen- und wirtschaftpolitisch war das Land in eine tiefe Krise geraten. Dem

Land und der Welt drohte eine wirtschaftliche Depression wie zu Zeiten der Weltwirtschaftskrise der 1930er-Jahre. Nur gewaltige Geldspritzen des Staates verhinderten einen Zusammenbruch von US-Finanzkonglomeraten und damit des weltweiten Finanzsystems. Die US-Autogiganten Chrysler und auch General Motors, das einmal das größte Industrieunternehmen der Welt gewesen war, standen vor dem Bankrott. In der ersten Jahreshälfte 2009 mussten beide Firmen Konkurs anmelden.

Auch die außen- und sicherheitspolitische Handlungsfähigkeit der Supermacht USA war in der Schlussphase der Bush-Regentschaft dramatisch eingeschränkt. Washington gelang keine Beendigung der Kriege im Irak und in Afghanistan und konnte den Iran und Nordkorea auch nicht zur Aufgabe der vermuteten Pläne zur Herstellung von Nuklearwaffen bewegen.

Während des Präsidentschaftswahlkampfes im Jahr 2008 erhofften sich die Amerikaner und der viel zitierte Rest der Welt grundsätzliche Veränderungen der amerikanischen Politik, einen politi-

Dieses Poster von Barack Obama veröffentlichte die *BRAVO* im November 2008.

schen und auch moralischen Neuanfang und eine Restaurierung der ehemaligen Größe und Stärke der Vereinigten Staaten. Amerika und die Welt hielten Ausschau nach einem Ausnahmepolitiker. Am 4. November 2008 gewählt und am 20. Januar als Nachfolger von George W. Bush zum neuen Präsidenten der Vereinigten Staaten von Amerika vereidigt, wurde der 47-jährige Barack Obama.

Das politische Grundkonzept des ehemaligen Sozialarbeiters und anschließend Verfassungsrecht an der Universität von Chicago lehrenden Jura-Professors war im Grunde denkbar einfach: In so ziemlich allen wichtigen politischen Bereichen strebte er so ungefähr das genaue Gegenteil seines Vorgängers an.

Den Wunsch nach Frieden hat offensichtlich auch schon Obama-Tochter Malia verinnerlicht.

Der liberale Senator aus dem Bundesstaat Illinois verpflichtete sich in seiner Rede zum Amtsantritt als Präsident der Vereinigten Statten von Amerika auf eine Politik der Rückbesinnung auf die historischen Tugenden der US-Gesellschaft, die das Land einstmals so vorbildhaft gemacht hatten. Dazu gehörte vor allem das Streben nach sozialer Gerechtigkeit und Toleranz sowie nach friedfertiger Partnerschaft mit den Völkern der Welt. Obama versprach zudem eine schnelle Beendigung des von ihm als ungerecht eingestuften Irakkrieges, einen Ausbau der staatlichen Sozialleistungen, eine stärkere Kontrolle der Finanzwirtschaft zur Verhinderung von Exzessen, ein aktives amerikanisches Eintreten für die Menschenrechte in aller Welt, wirksame Maßnahmen zum Schutz der Umwelt, den Kampf gegen Unterdrückung, Hunger und Armut sowie die Achtung vor der Meinung Andersdenkender innerhalb und außerhalb der Vereinigten Staaten. Obama wollte ein Präsident sein, der tolerant, aber nicht ignorant ist.

Diese schon vor seinem Amtsantritt formulierten Absichten hatten den Präsidentschaftsbewerber Barack Obama in nahezu aller Welt zum beliebtesten aller Amerikaner befördert. Zu seinen Auftritten strömten im In- und Ausland unübersehbare Menschenmengen. An der Berliner Siegessäule versammelten sich mehr als 250.000 Menschen. Sie wollten selbst hören und sehen, ob die Vereinigten Staaten wieder das werden können, was sie einmal gewesen sind.

Cover: The Sun

Von den Wahlberechtigten in den Vereinigten Staaten wurde Barack Obama am 4. November 2008 mit großer Mehrheit zum 44. Präsidenten des Landes gewählt. Sein Gegenkandidat, der republikanische Senator John McCain, der weitgehend die Politik von George W. Bush fortsetzen wollte, musste sich geschlagen geben.

Knapp eine Woche vor seiner Vereidigung als Präsident schrieb Obama am 14. Januar 2009 einen Brief an seine sieben und zehn Jahre alten Töchter Malia und Sasha. In dem entschuldigt er sich bei ihnen, dass er sie in der langen Zeit des Wahlkampfes so oft habe allein lassen müssen. Gleichzeitig beschreibt er, was er als Präsident für sie und alle Kinder erreichen wolle. In dem Brief heißt es unter anderem:

Liebe Sasha und Malia,

ich möchte, dass alle Kinder auf Schulen gehen können, die ihrer Fähigkeiten würdig sind. Schulen, die sie fordern und inspirieren und die in ihnen ein Verständnis für die Wunder dieser Welt wecken. Ich möchte, dass sie die Chance haben, zum College zu gehen, auch wenn ihre Eltern nicht reich sind. Und ich möchte, dass sie gute Jobs bekommen. Jobs, die gut bezahlt werden ... Jobs, die ihnen erlauben, Zeit mit ihren Kindern zu verbringen und mit Würde in den Ruhestand zu gehen.

Ich möchte, dass wir in der Forschung Grenzen sprengen, damit ihr neue Techniken und Erfindungen erlebt, die unser Leben verbessern und unseren Planeten sauberer und sicherer machen. Und ich möchte, dass wir unsere menschlichen Grenzen überschreiten, um die Kluft von Rasse und Herkunft, Geschlecht und Religion zu überwinden, die uns daran hindert, das Beste in uns allen zu sehen.

Manchmal werden wir unsere jungen Männer und Frauen in den Krieg oder andere gefährliche Situationen schicken müssen, um unser Land zu beschützen.

Aber wenn wir es tun, möchte ich sicher sein, dass es immer nur mit guten Gründen geschieht.

Wir werden unser Bestes geben, um unsere Streitigkeiten friedlich beizulegen, und wir werden alles nur Erdenkliche tun, um unsere Soldaten und Soldatinnen zu schützen ... Das große Privileg, ein amerikanischer Staatsbürger zu sein, bringt auch eine große Verantwortung mit sich.

Das war die Lektion, die mir eure Großmutter beibrachte, als ich in eurem Alter war. Sie las mir die Anfangszeilen der Unabhängigkeitserklärung vor und erzählte mir von den Frauen und Männern, die für die Gleichberechtigung kämpften. Weil sie glaubten, dass diese Worte etwas bedeuten, die vor zwei Jahrhunderten zu Papier gebracht worden sind.

Sie half mir zu verstehen, dass Amerika großartig ist. Nicht, weil das Land perfekt wäre, sondern, weil es immer besser gemacht werden kann. Und dass die unerledigte Arbeit, unsere Nation zu perfektionieren, eine Arbeit für jeden von uns ist ... Es ist eine Verantwortung, die wir an unsere Kinder weitergeben ... Ich hoffe, dass ihr beide diese Arbeit aufgreift,

bestehende Ungerechtigkeiten abzuschaffen. Und dass
ihr mithelft, dass jeder die Chance bekommt, die auch
ihr hattet ...

Das sind die Dinge, die ich mir für euch wünsche.
Dass ihr in einer Welt aufwachst, in der euren
Träumen keine Grenzen gesetzt sind. Und in der es
keine unerreichbaren Erfolge gibt. Und dass ihr zu mit-
fühlenden, engagierten Frauen heranwachst, die helfen
werden, diese Welt aufzubauen. Und ich wünsche mir,
dass jedes Kind die gleichen Chancen hat, zu lernen, zu
träumen, aufzuwachsen und sich zu entwickeln, so wie
ihr sie hattet. Deshalb habe ich unsere Familie auf
dieses große Abenteuer mitgenommen.

Ich bin stolz auf euch beide. Ich liebe euch mehr, als
ihr euch vorstellen könnt.

In Liebe, Papa

Für viele Menschen in aller Welt ging am Tag der Wahl von Barack Hussein Obama ein Wunsch in Erfüllung: Der schlichte Wunsch, eine große Nation, die Vereinigten Staaten von Amerika, wieder achten zu dürfen. Noch vor seinem Amtsantritt

am 20. Januar 2009 in Deutschland durchgeführte Meinungsumfragen zeigten kaum jemanden erstaunende Ergebnisse. Wo eine Mehrheit der Befragten wenige Monate zuvor, während der Präsidentschaft von Bush, noch eine „negative" Meinung von Amerika hatte, stuften die meisten Befragten die Vereinigten Staaten und die zu erwartende Politik Washingtons jetzt als „positiv" ein.

Mit dem Amtsantritt von Barack Obama hat ein neues Kapitel der US-Geschichte und damit auch der Weltgeschichte und der deutsch-amerikanischen Beziehungen begonnen. Die Vereinigten Staaten werden weiterhin großen Einfluss auf das Weltgeschehen haben. Aber welchen Stellenwert und welche Macht die USA in zehn oder 20 oder noch mehr Jahren haben werden, kann niemand voraussagen.

Geschichte ist schließlich ein unendlicher Prozess, bei dem sich Verhältnisse fortlaufend verändern. Vielleicht wird in einigen Jahrzehnten nicht mehr von einem deutsch-amerikanischen Verhältnis die Rede sein, sondern womöglich von einem europäisch-amerikanischen Verhältnis. Im Laufe der Geschichte hat es schon viele Weltmächte, wie etwa das Römische Reich oder indianische Hochkulturen, gegeben, die in eine relative Bedeutungslosigkeit zurückgefallen oder weitgehend in Vergessenheit geraten sind. Vielleicht wird es in gar nicht so ferner Zukunft andere Weltmächte geben, von denen jede dann die derzeitige Supermacht USA abgelöst hat. Das könnte die chinesische oder die indische oder eine ganz andere Weltmacht sein.

Doch jede Zukunft ist auch immer die logische Folge der Gegenwart. Deshalb ist es wichtig, die Vergangenheit zu ergründen, aus Fehlern und Erfolgen zu lernen und die Gegenwart so zu gestalten, dass sie eine für alle Menschen lebenswerte Zukunft möglich macht. Das ist eine Aufgabe für die Vereinigten Staaten, aber auch für Europa, für Deutschland und alle anderen Staaten. Es ist jetzt eine Aufgabe für Barack Obama und für uns alle.

Amerikanische Geschichte – Zeittafel

Etwa 10.000 vor christlicher Zeitrechnung: Einwanderung asiatischer Nomaden über die Beringstraße zwischen Russland und Alaska auf den heutigen Doppelkontinent Amerika.

Etwa 1.000 nach christlicher Zeitrechnung: Anlandung der aus dem heutigen Norwegen stammenden Entdecker Bjårni Herjolfsson und Leif Erikson an der Ostküste des Kontinents im Gebiet des Nordostens von Kanada.

1492   Landung von Christoph Kolumbus auf den Bahamas.

1497   „Wiederentdeckung" des amerikanischen Festlandes bei der Landung von Amerigo Vespucci an der Küste des heutigen Nicaragua.

1607   14. Mai: Landung britischer Siedler auf dem Boden der heutigen USA, Gründung der ersten dauerhaften Siedlung in Jamestown.

1619   Erste „Lieferung" von Sklaven aus Afrika nach Amerika.

1620   Ankunft britischer Siedler mit der „Mayflower" beim heutigen Cape Cod (US-Bundesstaat Massachusetts).

1760   Erste Konflikte der Siedler mit der Regierung in London. Klagen über zu hohe Steuerbelastung.

1773   16. Dezember: „Boston Tea Party". Siedler in Boston weigern sich, drei englische Schiffe zu entladen und hohe Zölle für die gelieferte Ladung mit Tee zu zahlen. Als Indianer verkleidete Siedler entern die Schiffe und werfen die Fracht ins Wasser.

1775   Zunehmende Spannungen zwischen den Siedlern und der britischen Krone.

1775   Die 13 Kolonien auf amerikanischem Boden rufen den Verteidigungszustand aus.

1776   Vertreter der 13 Kolonien treten als „Kontinentalkongress" zusammen und unterzeichnen am 4. Juli 1776 die Unabhängigkeitserklärung. Dieser Tag gilt seitdem als Geburtsstunde der Vereinigten Staaten.

1781   Der Unabhängigkeitskrieg zwischen den Siedlern und den britischen Truppen endet mit dem Sieg der Siedler.

1789   Die Bewohner der bisherigen 13 Kolonien wählen den ersten Präsidenten der Vereinigten Staaten von Amerika: George Washington.

1803   Die Regierung der Vereinigten Staaten kauft der französischen Regierung für 15 Millionen Dollar das bisher von ihr beanspruchte und westlich von den Kolonien gelegene „Louisiana Territory" ab.

1812   Beginn des amerikanischen Krieges gegen die britische Kolonialmacht in Kanada. Am 24. Dezember 1814 wurde im belgischen Gent ein Friedensvertrag unterzeichnet.

1845   Die USA annektieren das mexikanische Texas.

1848   In Kalifornien wird Gold entdeckt und das „Goldfieber" zieht mehr als 300.000 Glücksritter an.

1850   Das Gebiet von Kalifornien schließt sich den Vereinigten Staaten an.

1860	Abraham Lincoln wird zum 16. Präsidenten der Vereinigten Staaten gewählt.
1860	Am 20. Dezember erklärt der „Sklavenstaat" South Carolina wegen Lincolns Eintreten für die Abschaffung der Sklaverei den Austritt aus dem amerikanischen Staatenverbund. Sechs weitere Südstaaten schließen sich an.
1861	schließen sich die Südstaaten zu einer Konföderation zusammen („Confederate States of America"). Damit sind die Vereinigten Staaten gespalten. Die Konföderation wählt einen eigenen Präsidenten, Jefferson Davis.
1861	Am 12. April beginnt der amerikanische Bürgerkrieg, „Civil War", zwischen Nordstaaten („Union") und Südstaaten („Confederates") mit einem Überfall von Südstaatentruppen auf das von Nordstaatentruppen unterhaltene Fort Sumter in North Carolina.
1865	Am 9. April Kapitulation der Südstaaten und Ende des Bürgerkrieges mit Sieg der Nordstaaten.
1865	Am 14. April wird Präsident Lincoln während einer Aufführung im Washingtoner „Ford Theatre" von John Wilkes Booth, einem Spion der Südstaaten, erschossen.
1865	Nach dem Ende des Bürgerkrieges Beginn eines mehrere Jahrzehnte anhaltenden wirtschaftlichen Aufschwungs in den Nordstaaten.
1865	Am 24. Dezember gründet eine Gruppe entlassener ehemaliger Südstaaten-Soldaten in Tennessee die Rassistenorganisation Ku Klux Klan.
1867	Die Vereinigten Staaten kaufen dem russischen Staat die Besitzung Alaska zum Preis von 7,2 Millionen Dollar ab.

1896 Das Washingtoner Verfassungsgericht stuft die Rassentrennung in seinem Urteil vom 6. Mai als verfassungskon-
form ein.

1898 Annektierung des bislang selbstständigen Königsreichs der
Hawaii-Inseln.

1898 Von April bis August: Krieg der USA gegen die spanische
Kolonialmacht in Mittelamerika.

1903 Die Brüder Orville und Wilbur Wright leiten am 17. Dezember in Kitty Hawk (North Carolina) das Zeitalter der Luftfahrt
ein: erster Flug einer „Flugmaschine" mit Motorantrieb.

1913 Woodrow Wilson wird zum Präsidenten gewählt.

1914 Am 28. Juli: Ausbruch des Ersten Weltkrieges nach der Ermordung des österreichisch-ungarischen Thronfolgers
Franz-Ferdinand in Sarajewo.

1917 Am 16. April treten die Vereinigten Staaten in den Ersten
Weltkrieg ein.

1920 Einführung des Frauenwahlrechts in den Vereinigten
Staaten.

1920 Beginn der „Prohibition" – landesweites Verbot von Herstellung, Verkauf und Verzehr von alkoholischen Geträn-
ken. 1933 wird die Prohibition wegen erwiesener Erfolg-
losigkeit aufgehoben.

1928 Ein Zeichner namens Walt Disney stellt eine neue
Comicfigur vor: Sie trägt den Namen „Mickey Mouse".

1929 Beginn der Weltwirtschaftskrise. Zusammenbruch der Kurse
an der New Yorker Aktienbörse am 24. Oktober, dem sogenannten „Schwarzen Freitag".

1933	Am 4. März tritt Franklin D. Roosevelt als 32. Präsident der Vereinigten Staaten sein Amt an. Mit dem „New Deal", einer Mischung aus Sozial- und Arbeitsbeschaffungsprogrammen, bemüht er sich erfolgreich um eine Überwindung der Weltwirtschaftskrise.
1934	Der Zeichner Walt Disney stellt eine weitere Comicfigur vor: Sie trägt den Namen Donald Duck.
1939	Mit dem Überfall der „Deutschen Wehrmacht" auf Polen beginnt im September 1939 der Zweite Weltkrieg. Die Vereinigten Staaten bezeichnen sich als neutral.
1941	Am 7. Dezember greifen japanische Kampfbomber und Kriegsschiffe den US-Stützpunkt Pearl Harbor auf Hawaii an. Die Vereinigten Staaten beteiligen sich an Kriegshandlungen; zuerst gegen Japan und nach der Kriegserklärung Deutschlands und Italiens an die USA auch am Krieg in Europa.
1945	Nach dem Tod von US-Präsident Roosevelt am 12. April 1945 wird Vizepräsident Harry S. Truman als neuer US-Präsident vereidigt.
1945	Am 9. Mai kapitulieren die deutschen Streitkräfte. In Europa endet damit der Zweite Weltkrieg.
1945	Am 6. August werfen amerikanische Bomber über der japanischen Stadt Hiroshima und drei Tage später über Nagasaki je eine Atombombe ab. Am 14. August japanischer Zeit verkündet Kaiser Hirohito die Kapitulation Japans. Die Kapitulationsurkunde wird am 2. September 1945 auf dem US-Kriegsschiff „USS Missouri" unterzeichnet.

1945 Das Ende des Zweiten Weltkrieges markiert nach Einschätzung vieler Experten den Beginn des sogenannten „Kalten Krieges".

1945 Am 25. April gründen die Regierungen von 51 Staaten der Erde, unter ihnen die Siegermächte des Zweiten Weltkrieges, in San Francisco die Vereinten Nationen („United Nations Organization", UNO).

1945 Am 24. Oktober tritt das UNO-Statut in Kraft.

1948 Am 3. April unterschreibt US-Präsident Harry Truman das Gesetz über den „Marshallplan", mit dessen Mitteln der Wiederaufbau der im Krieg zerstörten Länder Europas einschließlich Westdeutschlands finanziert werden soll. 13 Milliarden Dollar fließen nach Europa.

1948 Nach der Sperrung der Zugangswege zu den Westsektoren Berlins durch die sowjetische Militärmacht am 24. Juni organisieren die Alliierten unter amerikanischer Führung eine „Luftbrücke". Bis zur Aufhebung der Blockade am 11. Mai 1949 wird die Berliner Bevölkerung mithilfe von Flugzeugen versorgt.

1950 Erste Kampfhandlungen im Koreakrieg zwischen dem seit dem Ende des Zweiten Weltkrieges von der Sowjetunion besetzten Nordkorea und dem amerikanisch besetzten Südkorea. Die Kampfhandlungen enden am 27. Juli 1953 mit der Unterzeichnung eines Waffenstillstandsvertrages. Das Land bleibt weiterhin getrennt.

1954 Das Washingtoner Verfassungsgericht erklärt die Praxis des Schulunterrichts für weiße und schwarze Schüler in getrennten Schulen für verfassungswidrig.

1959   Von Fidel Castro angeführte „Revolutionäre" stürzen auf Kuba den von Washington unterstützten rechtsradikalen Diktator Fulgencio Batista.

1961   Am 20. Januar wird mit John F. Kennedy zum ersten Mal in der US-Geschichte ein Politiker katholischen Glaubens als US-Präsident vereidigt.

1961   Präsident John F. Kennedy gibt grünes Licht für eine Aktion zum Sturz der Castro-Regierung. Der US-Geheimdienst unterstützt 1.400 in Florida residierende Exilkubaner bei einer Invasion in der „Bay of Pigs" (Schweinebucht). Nach dreitägigen Kämpfen endet das Unternehmen am 19. April mit einem Fiasko. 118 Invasoren werden getötet und 1.189 gefangen genommen. Auch 176 kubanische Soldaten kommen ums Leben.

1962   Im Oktober wird die Welt von der „Kubakrise" erschüttert. Nachdem die Sowjetunion Nuklearraketen auf Kuba stationiert hatte, verlangte Washington deren Abzug. Zur Verhinderung weiteren Nachschubs blockieren die USA am 16. Oktober für sowjetische Frachter die Seezufahrt nach Kuba. Zwölf Tage später ziehen die Sowjets ihre Nuklearraketen aus Kuba ab, nachdem Washington zugesichert hatte, im Gegenzug die heimlich in der Türkei stationierten amerikanischen Atomraketen abzubauen.

1963   Zur Verhinderung eines Vordringens von Soldaten aus dem kommunistischen Nordvietnam auf das von den USA unterstützte Südvietnam stockt Kennedy die Zahl der amerikanischen „Militärberater" auf 16.000 US-Soldaten auf, die sich an Kampfhandlungen beteiligen. Bis 1968 steigt die Zahl der US-Soldaten auf mehr als eine halbe Million.

1963   Am 22. November wird Präsident Kennedy nach 1.036 Regierungstagen im texanischen Dallas ermordet.

1963   Wenige Stunden nach der Ermordung Kennedys wird Vizepräsident Lyndon Johnson als neuer US-Präsident vereidigt.

1964   Präsident Johnson setzt im Parlament zahlreiche Bürgerbis
rechtsgesetze durch, unter anderem das uneingeschränkte
1968   Wahlrecht für schwarze US-Bürger sowie zahlreiche Sozialgesetze im Rahmen seines „War on Poverty" (Krieg gegen die Armut).

1965   Offene US-Beteiligung am Bürgerkrieg zwischen dem kommunistisch regierten Nordvietnam und dem westlich orientierten Südvietnam mit der Entsendung amerikanischer Kampftruppen und US-Bombardierung Nordvietnams.

1966   20. Juli (amerikanischer Zeit) – erste Landung eines Menschen auf dem Mond. Nach dem US-Astronauten Neil Armstrong betritt auch sein Kollege Buzz Aldrin den Erdtrabanten. Erfolgreiche Rückkehr zur Erde.

1968   Am 4. April wird der schwarze Bürgerrechtler und Träger des Friedensnobelpreises, Martin Luther King, in Memphis im US-Bundesstaat Tennessee ermordet. In zahlreichen Städten der USA kommt es bei Demonstrationen zu gewalttätigen Ausschreitungen.

1968   Am 6. Juni Ermordung von Justizminister Robert F. Kennedy in Los Angeles auf einer Wahlveranstaltung.

1969   Beim legendären Festival von Woodstock im US-Bundesstaat New York treffen sich 500.000 Musikfans, Friedensfreunde und Kriegsgegner von 15. bis 18. August zu einem Dauerkonzert.

1969 Der am 20. Januar als Nachfolger von Johnson gewählte
neue Präsident Richard Nixon ordnet in seinem ersten
Amtsjahr eine Ausweitung des Vietnamkrieges mit
Flächenbombardements im kommunistischen Nordvietnam
und schließlich auch in den Nachbarländern Laos und
Kambodscha an.

1973 Nach einer in Paris unterzeichneten Waffenstillstandsvereinbarung leiten die Vereinigten Staaten den Abzug ihrer
Truppen aus Vietnam ein.

1973 Das Verfassungsgericht in Washington erklärt alle bestehenden Gesetze für verfassungswidrig, die Schwanger-
schaftsabbrüche erschweren, verbieten oder unter Strafe
stellen. Das höchstrichterliche Urteil spaltet die öffentliche
Meinung in den USA bis auf den heutigen Tag.

1973 Die amerikanische Regierung unterstützt einen Putsch
rechtsgerichteter Militärs gegen den sozialdemokratischen
chilenischen Präsidenten Salvador Allende. Der
demokratisch gewählte Regierungschef wird ermordet und
eine von General Augusto Pinochet angeführte Militärjunta
übernimmt die Macht.

1973 Fünf vom Weißen Haus bezahlte „Spezialisten" brechen im
Bürotrakt des Washingtoner „Watergate Hotels" in die
Räume des Wahlkampfhauptquartiers der Demokratischen
Partei ein. Präsident Nixon erklärt wahrheitswidrig, den
Einbruch beim politischen Gegner nicht gebilligt zu haben.
Das Parlament leitet im Juli 1974 ein Verfahren zur Amts-
enthebung Nixons ein. Nixon tritt am 8. August 1974 zu-
rück und Vizepräsident Gerald Ford wird als 38. Präsident
der Vereinigten Staaten vereidigt.

1977   James Earl („Jimmy") Carter tritt sein Amt als Nachfolger
        von Präsident Gerald Ford an.

1979   Iranische Studenten stürmen am 4. November die US-Bot-
        schaft in Teheran und nehmen 52 Diplomaten gefangen.
        Nach 444 Tagen Haft ordnet der iranische „Revolutions-
        führer" Ayatollah Khomeini die Freilassung der Geiseln an.

1981   Amtsantritt von Ronald Reagan als 40. Präsident der Ver-
        einigten Staaten.

1987   Treffen Reagans mit Kremlchef Gorbatschow. Verein-
        barung über den Abbau nuklearer Mittelstreckenraketen in
        Europa.

1988   Wahl von George Herbert Walker Bush, des Vizeprä-
        sidenten von Präsident Ronald Reagan, zum 41. Prä-
        sidenten der Vereinigten Staaten.

1989   9. November: Fall der Berliner Mauer.

1991   Nach Annektierung Kuwaits durch irakische Truppen mi-
        litärisches Eingreifen der Vereinigten Staaten (erster Irak-
        krieg). Befreiung Kuwaits.

1991   Am 26. Dezember beschließt das sowjetische Parlament in
        Moskau die Auflösung der Sowjetunion. Die bisherigen
        Teilrepubliken erlangen die Selbstständigkeit.

1992   Wahl von William Jefferson („Bill") Clinton zum 42. Prä-
        sidenten der Vereinigten Staaten nach Wahlverlust von
        Bush unter anderem als Folge der US-Wirtschaftsrezession.

1995   Das von der US-Regierung initiierte „Friedensabkommen
        von Dayton" im US-Bundesstaat Ohio beendet den Krieg
        zwischen Bosnien und Kroatien.

1999   Serbien annektiert die autonome Provinz Kosovo. „Ethnische Säuberung", Massenmorde an Kosovo-Albanern. Vom 24. März bis 10. Juni: Luftkrieg der NATO-Staaten gegen Serbien unter Leitung der USA.

1999   „Lewinsky-Affäre": Präsident Clinton bestreitet wahrheitswidrig sexuelle Beziehungen zu einer Praktikantin. Parlament leitet wegen Falschaussage ein Amtsenthebungsverfahren gegen Clinton ein. Parlamentsprozess endet mit Freispruch für Clinton.

2000   Umstrittene Wahl des Republikaners George W. Bush zum 43. Präsidenten der USA. Obwohl der Demokratenkandidat Albert Gore über eine halbe Million Stimmen mehr als Bush erhält, stoppt das Washingtoner Verfassungsgericht die Auszählung nicht berücksichtigter Stimmen im Bundesstaat Florida und erklärt Bush aufgrund des komplizierten US-Wahlsystems zum Wahlsieger.

2001   Am 11. September entführen islamische Terroristen mehrere Flugzeuge und benutzen sie als fliegende Bomben gegen den Doppelwolkenkratzer des „World Trade Center" in New York und das Gebäude des Verteidigungsministeriums (Pentagon) in Washington. Ein weiteres entführtes Flugzeug stürzt im Bundesstaat Pennsylvania ab. Als Drahtzieher der Anschläge wird der saudische Terroristenführer Osama bin Laden identifiziert, dem die radikalislamische Taliban-Regierung in Afghanistan Unterschlupf gewährt.

2001   Die US-Regierung fordert die Taliban-Machthaber ultimativ zur Beendigung schwerwiegender Menschenrechtsverletzungen in Afghanistan und zur Herausgabe von bin Laden auf.

2001   Am 7. Oktober beginnt unter amerikanischer Führung mit amerikanisch-britischen Luftangriffen auf militärische Ziele in Afghanistan der Krieg gegen dieses Land.

2003   Im März beginnt unter amerikanischer Führung die Invasion im Ölförderland Irak (zweiter Irakkrieg). Amtliches Kriegsziel ist die „Neutralisierung" der angeblichen irakischen Massenvernichtungswaffen und die Unterbindung vermuteter irakischer Terroraktivitäten („Krieg gegen den internationalen Terrorismus").

2004   Wiederwahl des republikanischen Präsidenten George W. Bush.

2007   Zunehmende wirtschaftliche Schwierigkeiten in den Vereinigten Staaten. Beginn der US-Wirtschaftsrezession.

2008   Ölpreisexplosion. Verstärkung der Wirtschaftskrise in den USA. Erheblicher Anstieg der Arbeitslosenquote. Börsenkrach mit dramatischem Kursverfall von Wertpapieren. Immobilienkrise. Zusammenbruch beziehungsweise Zahlungsunfähigkeit von US-Großbanken. Drohende Weltwirtschaftskrise mit wirtschaftlicher Depression.

2008   Präsidentschaftswahlkampf zwischen dem Demokraten Barack Hussein Obama und dem Republikaner John Sidney McCain. Gleichzeitig Neuwahl des Parlaments.

2008   Barack Obama wird am 4. November zum neuen Präsidenten der Vereinigten Staaten gewählt. Der Sohn einer weißen Mutter und eines schwarzen Vaters aus Kenia ist der erste afroamerikanische US-Präsident.

2009   Am 20. Januar: Vereidigung von Barack Obama zum 44. Präsidenten in der Geschichte des Landes und Aufnahme der Regierungstätigkeit.

Abbildungen

1. Auflage 2010
© Arena Verlag GmbH, Würzburg 2010
Alle Rechte vorbehalten
Coverillustration: Klaus Steffens
Innenillustration: Klaus Puth
Satz: Claudia Böhme auf der Grundlage einer Gestaltung und Typografie
von knaus. büro für konzeptionelle und visuelle identitäten, Würzburg
Gesamtherstellung: Westermann Druck Zwickau GmbH
ISBN 978-3-401-06525-0

www.arena-verlag.de

ARENA BIBLIOTHEK DES WISSENS
Lebendige Geschichte

978-3-401-06065-1   978-3-401-06064-4   978-3-401-05979-2

Weitere lieferbare Titel aus der Reihe „Lebendige Geschichte":

Harald Parigger
**Sebastian und der Wettlauf mit
dem Schwarzen Tod**
Die Pest überfällt Europa
ISBN 978-3-401-05583-1

Harald Parigger
**Barbara Schwarz und
das Feuer der Willkür** – Ein Fall aus
der Geschichte der Hexenverfolgungen
Auch als Hörbuch bei ArenaAudio
ISBN 978-3-401-06124-5

Martin Zimmermann
Weltgeschichte in Geschichten
ISBN 978-3-401-06216-7

Harald Parigger
Fugger und der Duft des Goldes
Die Entstehung des Kapitalismus
ISBN 978-3-401-05992-1

Arena

Jeder Band:
Klappenbroschur.
www.arena-verlag.de

ARENA BIBLIOTHEK DES WISSENS
Aktuell

978-3-401-06172-6   978-3-401-06431-4   978-3-401-06219-8

Eine Auswahl weiterer lieferbarer Titel aus der Reihe „Aktuell":

Gerd Schneider   Souad Mekhennet / Michael Hanfeld
Globalisierung   **Islam**
ISBN 978-3-401-06222-8   ISBN 978-3-401-06220-4

Bescheid wissen in der Welt von heute – mit der ARENA BIBLIOTHEK DES WISSENS AKTUELL. Hochkompetente Autoren führen kompakt und anschaulich in bedeutende Themen des Zeitgeschehens ein – unverzichtbares Grundlagenwissen für Schüler ebenso wie für Erwachsene.

Arena

Jeder Band:
Klappenbroschur.
www.arena-verlag.de